Albert Biesinger /
Ulrike Mayer-Klaus

Was feiern wir an Weihnachten?

HERDER

FREIBURG · BASEL · WIEN

Die Bibeltexte sind entnommen aus:
Einheitsübersetzung der Heiligen Schrift
© 1980 Katholische Bibelanstalt, Stuttgart

Alle Rechte vorbehalten – Printed in Germany
© Verlag Herder Freiburg im Breisgau 2007
www.herder.de

Fotos:
Cover: © ccvision
© Fotolia: 8/9, 29, 51
© ccvision: 21/22, 65, 77
© Photocase.com: 39
© iStockphoto: 89

Gesamtgestaltung:
Weiß-Freiburg GmbH, Graphik & Buchgestaltung

Herstellung:
Himmer AG, Augsburg 2007

Gedruckt auf umweltfreundlichem,
chlorfrei gebleichtem Papier
ISBN 978-3-451-32084-2

Inhalt

Vorwort

Der Weihnachtsrummel führt viele Kinder weg vom eigentlichen Sinn des Festes. Dabei lieben Kinder Geheimnisse und sind oft kleine Theologinnen und Theologen.

Sie fragen nach den Geschehnissen von damals, nach dem Stern, der die Weisen aus dem Morgenland führt und dem Kind, das die ganze Welt bewegt. Das Geheimnis der Heiligen Nacht, die beeindruckenden Rituale der Advents- und Weihnachtszeit von der Heiligen Barbara über den Bischof Nikolaus hin zum Kind in der Krippe und weiter Silvester und Heilige Drei Könige.

Dieses Buch bietet kompetentes Basiswissen für Kinder und Eltern und gibt konkrete Anregungen zur Gestaltung dieser Feste in der Familie.

Albert Biesinger, Ulrike Mayer Klaus

1. Vom langen Warten im Advent

Ulrike Mayer-Klaus

«Was heißt eigentlich Advent und wofür ist er da? Dürfen die Kerzen am Adventskranz nur nacheinander angezündet werden – warum nicht alle auf einmal – das dauert immer so lang? Kommt der Jesus nochmals auf die Welt – so richtig zum Anfassen? Warum gibt es einen Adventskalender? Ich verstehe nicht, warum manche Lieder im Advent so traurig sind!?»

Das wissen wir dazu

Weihnachten, dem Fest der Geburt Jesu, ist eine besondere Vorbereitungszeit vorangestellt: der Advent. Advent kommt vom lateinischen Wort «adventus» und heißt übersetzt «Ankunft». Wir bereiten uns in der Adventszeit auf die Ankunft Jesu vor. Die Kirche spricht in dreifacher Weise von Ankunft: In der Erinnerung der Ankunft Jesu vor über 2000 Jahren, in der Offenheit und Bereitschaft, ihn im Hier und Heute in unseren Herzen zu empfangen und ankommen zu lassen und im Blick auf das Ende der Zeit, in der Gott wiederkommt, um uns und die Welt von aller Not und allem Leid zu befreien und zu erlösen.

Die Adventstexte aus der Bibel verweisen in besonderer Weise auf das Ziel der endgültigen Erlösung am Ende der Zeit. Er kommt also nicht zum «Anfassen».

Manche wundern sich über die Texte in der Adventsliturgie, die vom Ende und vom Weltgericht sprechen, verbinden sie mit der Adventszeit doch vielmehr eine Sehnsucht nach Atmosphäre innerer Einkehr und Harmonie. Wie passt das zusammen?

Um dies in rechter Weise verstehen zu können, gehen wir zeitlich einen großen Schritt zurück in die Zeit vor Jesu Geburt.

Aus dem Alten Testament erfahren wir, wie das Volk Israel viele tausend Jahre lang auf einen Retter gewartet hat. In schwierigen Zeiten traten Menschen auf, Propheten, welche ihnen diese Hoffnung von Gott übermittelten. Zu allen Zeiten kannten die Menschen Ungerechtes, Zerstörung und Ausbeutung. In ihrem Leiden schrieen sie auf, klagten, weinten und baten Gott um Hilfe. Sie spürten die Überforderung, eine gute Weltordnung aus eigenen Kräften herstellen zu können. So riefen sie zu Gott und baten ihn, einzugreifen, ihnen einen Retter zu schicken, der die Welt heilt und Frieden bringt. Diesen Retter nannten sie Messias.

Mit der Geburt Jesu endete die lange Wartezeit. Der Messias, der Retter der Welt, kam an. Es erfüllte sich das, was der Prophet Jesaja (700 v. Chr.) vorausgesagt hatte:

«Das Volk, das im Dunkel lebt, sieht ein helles Licht; über denen die im Land der Finsternis wohnen, strahlt ein Licht auf.

Denn uns ist ein Kind geboren, ein Sohn ist uns ge-schenkt. Die Herrschaft liegt auf seiner Schulter; man nennt ihn: Wunderbarer Ratgeber, Starker Gott, Vater in Ewigkeit, Fürst des Friedens.» Jesaja 9,1.5

Trotz der Geburt Jesu charakterisieren viele den Advent weiterhin als Zeit des Wartens. Wir wissen, Jesus kam in die Welt. Er brachte Licht in das dunkle Leben der Menschen. Und trotzdem erleben wir Menschen Jahrhunderte später immer noch Dunkles, manchmal Unerträgliches, das wir mit noch so großem Einsatz und Engagement zum Guten nicht so in den Griff bekommen, wie wir uns das wünschen. Im Spüren von Ohnmacht, einem Gefühl von «nichts machen können», erwacht in uns, ebenso wie bei den Menschen damals, die Sehnsucht nach Heil und Rettung. Die dunklen Tage der Vorweihnachtszeit, in denen wir uns schon äußerlich mehr in unsere Häuser und somit vielleicht in unser Inneres zurückziehen, machen uns manchmal sensibler für das, was wir eigentlich ersehnen. Wie die Menschen damals warten wir auf Erlösung und Heil. Der Unterschied zu damals besteht darin: Wir kennen den Anfang des Reiches Gottes, das mit dem Kommen Jesu Gestalt annahm. Diesen Anfang, die Faszination darüber, dass Gott selbst Mensch wird, um uns einen Weg aus dem Dunkel zum Licht, aus der Perspektivlosigkeit zum Ziel, aus dem Tod zum Leben zu zeigen, ist so großartig, dass wir ihn jedes Jahr neu ins Bewusstsein holen, ihn feiern, ihn lebendig halten bis zum endgültigen Ziel, von dem wir glauben und hoffen, dass irgendwann eintritt, was verheißen ist:

«Dann sah ich einen neuen Himmel und eine neue Erde; denn der erste Himmel und die erste Erde sind vergangen, auch das Meer ist nicht mehr. Ich sah die heilige Stadt, das neue Jerusalem, von Gott her aus dem Himmel herabkommen; sie war bereit wie eine Braut, die sich für ihren Mann geschmückt hat. Da hörte ich eine laute Stimme vom Thron her rufen: Seht, die Wohnung Gottes unter den Menschen! Er wird in ihrer Mitte wohnen, und sie werden sein Volk sein; und er, Gott, wird bei ihnen sein: Er wird alle Tränen von ihren Augen abwischen. Der Tod wird nicht mehr sein, keine Trauer, keine Klage, keine Mühsal. Denn was früher war, ist vergangen. Er, der auf dem Thron saß, sprach: Seht, ich mache alles neu.» Offenbarung 21,1–5a

Man könnte jetzt einwenden: «Ja, was nützt mir die Heilung am Ende der Zeiten, wenn ich jetzt leide? Gibt es denn keine Perspektive für den Augenblick? Wie gestalte ich meinen Advent, meine Wartezeit?» Eine Antwort könnte lauten: Im Rückblick und im Ausblick. Im Zurückschauen, im Erinnern des Geschehens von damals, kann mir aufgehen: Gott wird Mensch und lässt sich auf alles ein, was zu menschlichem Leben gehört: die Armut, die Begrenztheit von Lebensmöglichkeiten, die Auseinandersetzung mit Macht und Ohnmacht, das Erleben von Leiden und Sterben. Das neue Leben, das mit Jesus in die Welt kam, soll in jedem Advent ermutigen: In allem Dunkeln, in allem Warten sind wir nicht allein gelassen. Wir dürfen hoffen und glauben, dass Gott mit jedem und jeder von uns einen neuen Anfang wagt, eine Perspektive zu neuen Lebensmöglichkeiten eröffnet, oft nicht spektakulär und laut, sondern leise und unscheinbar. Es liegt an der Entscheidung jedes einzelnen, ob er/sie dieser Perspektive traut und sie ins eigene Suchen und Fragen mit hinein nimmt und danach zu leben versucht.

Das hat mit uns zu tun

Jedes Jahr im Advent spüren wir neu die Bedürftigkeit und das Angewiesensein auf Gottes Entgegenkommen und seine Nähe in unserem Leben. Uns Erwachsenen fällt es nicht immer leicht, sich Schwächen und Grenzen einzugestehen, zuzugeben, dass wir der Hilfe bedürfen. Kinder haben von ihrer Situation her einen unmittelbareren Zugang zur adventlichen Haltung des Erbittens um Trost und Hilfe. Wie oft stolpern sie und fallen, warten, bis wir sie in die Arme nehmen und trösten. «Mama, wann kommst du endlich!», rufen sie, wenn sie bei einer Beschäftigung oder den Hausaufgaben nicht weiterkommen. Bitten und Vertrauen, gehört zu werden, getröstet, beschützt und bewahrt zu sein, sind Haltungen des Advents, des hoffnungsvollen Wartens. Dieses wach und lebendig zu halten, auf das Kommen Gottes hin zu gestalten und sichtbar zu machen, ist eine Grundlage für die religiöse Erziehung im Advent.

Konkrete Möglichkeiten der Gestaltung finden sich in den Symbolen von Adventskranz und Adventskalender. Der Adventskranz mit den vier Kerzenlichtern, dem «immergrünen» Gebinde und der nie endenden Kreisform wird in der Wartezeit des Advents zum Lichtpunkt, zum Hoffnungszeichen, zum Hinweis auf die Ewigkeit Gottes. Dadurch, dass jeden Sonntag eine Kerze mehr angezündet wird, machen wir deut-

lich, dass die Ankunft Jesu immer näher rückt; es wird heller, das Licht kommt zu uns Menschen.
Der Adventskalender hilft den Kindern, die Wartezeit auf Weihnachten hin «erträglich» zu machen und eine konkrete Überschaubarkeit dieser Zeit zu geben.

Das sollen Kinder verstehen

Die Zeit des Advents bereitet uns auf das Kommen Gottes in unsere Welt vor.
Menschen – ob groß oder klein – sind angewiesen auf seine Nähe und Hilfe.
Zu allen Zeiten erbitten sie in ihrer Not um Rettung von außen. Im Geschehen von der Geburt Jesu zeigt uns Gott, dass er die Nöte und Leiden der Menschen sieht und einen guten Weg vom Dunkel zum Licht ermöglicht – nicht nur damals, sondern auch heute und morgen. Dabei hoffen wir, dass Gott letzten Endes alles zum Frieden und Heil führt.

Das können wir miteinander tun

Zur Vorbereitung legen Sie aus grünen Tannenzweigen in ihrem Wohnraum eine Spirale auf den Boden (alternativ: eine lange Kordel – mit Zweigen, Nüssen, Äpfeln belegt bzw. verziert). Stellen Sie eine große Kerze in die Mitte der Spirale und halten Sie für alle Mitfeiernden eine kleine Kerze oder ein Teelicht im Glas bereit. Dann versammeln sich alle um die Mitte, die Kerze in der Mitte ist noch nicht entzündet.

Ein/e Erwachsene/r spricht:
Wir feiern Advent.
Advent heißt Ankunft.

Menschen warten auf das Kommen Gottes.
So war es damals, so ist es heute.
Schon hunderte von Jahren,
bevor Jesus geboren wurde,
riefen Menschen in ihrer Not, in ihrem Schmerz,
in ihrem Leiden zu Gott um Hilfe.
Gott schickte Vorboten.
Man nennt sie Propheten.
Das sind Menschen, die Gott gesandt hatte,
um allen zu sagen, dass er ihr Leiden sieht und hört
und dass er einen Retter senden wird.
So wartete das alte Volk Israel lange Zeit
auf einen Retter, den Messias.
Der Prophet Jesaja versprach ihnen:

«Das Volk, das im Dunkel lebt, sieht ein helles Licht;
über denen die im Land der Finsternis wohnen, strahlt
ein Licht auf.
Denn uns ist ein Kind geboren, ein Sohn ist uns ge-
schenkt. Die Herrschaft liegt auf seiner Schulter; man
nennt ihn: Wunderbarer Ratgeber, Starker Gott, Vater
in Ewigkeit, Fürst des Friedens.» Jesaja 9,1.5

Gott machte sein Versprechen wahr.
Jesus wurde geboren – vor über 2000 Jahren.

Die Kerze in der Mitte wird jetzt entzündet.

Ein Anfang war gesetzt.
Gott zeigte damit: Ich mag die Menschen.
Ich will ihnen helfen.
Ich lasse sie nicht allein in ihrer Not.

16

Ich höre ihr Schreien und Weinen.
Ich will sie trösten.
Ich bringe Licht in ihre Dunkelheit.
Jesus hat dies den Menschen gesagt und gezeigt.

Lied: *Licht der Liebe*

T: Eckart Bücken, M: Detlev Jöcker, aus: Das Liederbuch zum Umhängen 1 © Menschenkinder Verlag u. Vertrieb GmbH, Münster

1. Ein Licht geht uns auf in der Dun-kel-heit, durch - bricht die Nacht und er-hellt die Zeit. Licht der Lie - be, Le-bens-licht, Got - tes Geist ver-lässt uns nicht. Licht der Lie - be, Le-bens licht, Got - tes Geist ver lässt uns nicht.

2. Ein Licht weist den Weg,
der zur Hoffnung führt,
erfüllt den Tag,
dass es jeder spürt.
Licht der Liebe, Lebenslicht,
Gottes Geist verlässt uns nicht.

3. Ein Licht macht uns froh,
wir sind nicht allein.
An jedem Ort
wird es bei uns sein.
Licht der Liebe, Lebenslicht,
Gottes Geist verlässt uns nicht.

Wir feiern Advent. Wir erinnern uns, dass Gott den Menschen damals nahe gekommen ist.
Auch heute wünschen wir uns Gottes Nähe. Wie damals kennen auch wir Dunkles und Trauriges.

Alle halten die Hände wie eine Schale vor sich hin und bedenken gedanklich das, was das Leben dunkel und traurig macht. Kinder und Erwachsene können an dieser Stelle sagen, was das für sie jeweils konkret ist: z.B.

... wenn wir miteinander streiten,
... dass die Oma krank ist,
... wenn mich andere auslachen ...

Seit Jesus geboren ist, wissen wir,
dass es einen Weg von Gott zu
uns Menschen gibt.
Gott ist uns nahe gekommen.

Deshalb dürfen wir mit allem,
was in uns ist, zu ihm kommen und
uns von seinem Licht wärmen und
beschenken lassen.

Alle bekommen in ihre offenen Hände eine Kerze im Glas (oder ein Teelicht).

Ihr seid alle eingeladen, diesen Weg
zum Licht zu gehen, die eigene Kerze
dort zu entzünden und wieder aus der
Mitte zum Platz zu kommen.
Das Licht von damals will auch unseren
Weg hell machen und erleuchten.
Gott sieht und hört auch unsere Nöte.
Daran denken wir, wenn wir den Weg
zurück – aus der Mitte heraus – gehen.

Am besten beginnt jemand der Erwachsenen und schreitet langsam in die Mitte und wieder zurück, danach der nächste usw. Um eine meditative Atmosphäre zu schaffen, kann dieser Teil mit ruhiger Musik untermalt werden.

Gott kommt zu uns und macht
unser Leben hell.
Dennoch wird das Dunkle nicht
ganz beseitigt sein.
Aber am Ende der Zeiten wird Gott
alles Leiden, alle Not, alles Dunkle überwinden.
Darauf warten wir und hoffen weiter.

Lied: *Kündet allen in der Not (GL 106)*

T: Friedrich Dörr 1972; M: Halle 1704; © Text: Rechtenachfolge Autor

2. Gott naht sich mit neuer Huld,
   dass wir uns zu ihm bekehren;
   er will lösen unsre Schuld,
   ewig soll der Friede währen.
   Kv Allen Menschen wird zuteil Gottes Heil.

3. Aus Gestein und Wüstensand
   werden frische Wasser fließen;
   Quellen tränken dürres Land,
   überreich die Saaten sprießen.
   Kv Allen Menschen wird zuteil Gottes Heil.

4. *Blinde schaun zum Licht empor,*
   Stumme werden Hymnen singen,
   Tauben öffnet sich das Ohr,
   wie ein Hirsch die Lahmen springen.
   Kv Allen Menschen wird zuteil Gottes Heil.

5. *Gott wird wenden Not und Leid.*
   Er wird die Getreuen trösten,
   und zum Mahl der Seligkeit
   ziehen die vom Herrn Erlösten.
   Kv Allen Menschen wird zuteil Gottes Heil.

Schlussimpuls für Eltern

Mögest du dir Zeit nehmen,
die stillen Wunder zu feiern,
die in der lauten Welt
keine Bewunderer haben.

Ich wünsche dir die Muße zum Innehalten,
auf dass du Kraft sammeln mögest
für jeden neuen Tag.

Ich wünsche dir Augen,
die die kleinen Dinge des Alltags wahrnehmen
und ins rechte Licht rücken.

Irischer Segenswunsch

2. Vom Kerzenlicht in dunkler Zeit

Albert Biesinger

«Warum wird es dunkel – warum wird es hell? Warum zünden wir am Adventskranz gerade vier Kerzen an? **Wenn wir sterben – wohin gehen wir: in die Finsternis oder in das Licht?** Brauchen wir Menschen Licht zum Leben?»

Das wissen wir dazu

Im Winter sind die Tage kurz und die Nächte beginnen früh. Advent und Weihnachten liegen bei uns auf der nördlichen Erdhalbkugel in der dunklen Jahreszeit. Die vier Lichter am Adventskranz – jede Kerze steht für einen Adventssonntag – machen nicht nur unsere Wohnungen heller. Das zunehmende Licht symbolisiert in der Bibel das Kommen des Messias:

«Das Volk, das im Dunkel lebt, sieht ein helles Licht; über denen, die im Land der Finsternis wohnen, strahlt ein Licht auf.» Jesaja 9,1

Der Messias wird kommen und die Finsternis wird aufhören und er wird Gottes Licht bringen.
In der Weihnachtsgeschichte, die uns der Evangelist Lukas aufgeschrieben hat, können wir von dieser Erfahrung hören: Es kamen vom Himmel Engel, das Licht Gottes umleuchtete die Hirten. Alles war hell,

24

weil Jesus Christus, der Herr, geboren ist, der das Licht aus der göttlichen Welt hinein in die Dunkelheit des Lebens von uns Menschen bringt.

An Weihnachten feiern wir die Durchlässigkeit der göttlichen und der menschlichen Welt. Noch können wir mit unseren jetzigen Augen die neue Welt Gottes nicht sehen, wir können sie aber erahnen und glauben. Manche Wissenschaftler gehen davon aus, dass es noch andere Welten, als die gibt, die wir jetzt mit unserem Gehirn bedenken, mit unseren Augen sehen, mit unseren Ohren hören, mit unserem Mund schmecken können. Diese Welten sind uns aber verschlossen. Selbst wenn sie nur fünf Zentimeter neben uns wären, könnten wir sie nicht sehen. Vielleicht ist es sogar gut, dass wir nicht zuviel und schon alles sehen können. Aber es ist auch gefährlich, wenn wir so tun, als ob es nur das gibt, was wir mit unseren Augen jetzt sehen können. Wir brauchen ein «drittes Auge» – wie dies Hubertus Halbfas formuliert hat.

So wie sich die Erde im Tageslauf von der Sonne wegdreht und je nach Tageszeit mal näher, mal weiter entfernt ist, so ähnlich kann es uns auch gehen, wenn wir uns vom Licht Gottes wegdrehen, dann sind wir in der Dunkelheit. Und wenn wir uns dem Licht Gottes zuwenden, können wir uns beleuchten und wärmen lassen.

Bei der Geburt Jesu in Betlehem wird uns zugesagt, dass sich der Himmel für uns geöffnet hat, wir schon in die himmlische Welt eingeladen sind und zu ihr gehören. Unser Leben besteht zwar auch aus viel Leid, Dunkelheit und Sorgen, aber unser Leben ist ein Weg, der ins Licht führt.

Das hat mit uns zu tun

Wir Menschen können uns nicht selber retten. In dem weltberühmten Lied «Stille Nacht – Heilige Nacht» singen wir in einer der Strophen: «Christ, der Retter, ist da!» Der Retter der Welt ist Jesus Christus, der aus der göttlichen Welt gekommen ist, um uns zu verkünden, dass wir zu Gott gehören und dass auch der Tod uns nicht von Gott trennen kann. Gott ist größer als der Tod; der Tod hat nicht das letzte Wort. Das letzte Wort ist das Wort Gottes: Ich bin das Licht der Welt. Ich bin euer Retter aus der Dunkelheit des Lebens.

An Weihnachten feiern wir, dass das Licht Gottes hereingebrochen ist in die Dunkelheiten unserer Welt. Dieses Fest ist aber dann nicht nur «schön», sondern dieses Fest ist auch eine Herausforderung, denn es fordert, dieses Licht unter den Menschen zu verbreiten.

Das sollen Kinder verstehen

Viele Menschen sind traurig, arm oder krank; sie haben Angst vor der Zukunft – dem Tod, der sie in der Dunkelheit verschwinden lässt.

Das göttliche Licht, das über Betlehem erscheint, sagt uns: Es gibt einen Ausweg aus der Dunkelheit und Finsternis. Gott selbst ist unser Licht und wir können uns darauf verlassen, dass wir nicht im Dunkeln bleiben.

Das können wir miteinander tun

Die vier Kerzen am Adventskranz begleiten uns in den vier Wochen der Vorbereitung auf Weihnachten. Gemeinsam können wir in der Familie immer wieder ein Licht anzünden, still in das Licht schauen und meditieren – zum Beispiel am Abend vor dem Schlafengehen.

Bei einer Lichtmeditation können eine Adventsgeschichte vorgelesen und die Kerzen am Adventskranz angezündet werden. Am Ende noch einmal (still) einige Minuten in das Licht der Kerzen zu schauen und Gott all das anzuvertrauen, was an dem Tag gewesen ist, hilft uns Geborgenheit zu finden.
Dunkelheit, Streit, manchmal auch Wut gehören in jeder Familie dazu. Aber auch Licht ist in der konkreten Familie spürbar. «Werde selber mehr zu einem Licht, als dass du um dich herum Dunkelheit und Ärger verbreitest» – diese Aufforderung gilt in jeder Familie.
Eine Hell-Dunkel-Meditation können Sie in Ihrer Familie leicht gemeinsam erleben.

Wenn die Dunkelheit hereingebrochen ist, machen Sie alle Lichter aus und zünden nur eine Kerze an.

Wir werden still
und schauen in die Flamme der Kerze.
Wir legen unsere Hände ineinander –
wie zu einer Schale.
Wir spüren unseren Atem, wie er kommt und geht.
Mit jedem Einatmen lassen wir einen Lichtstrahl
in unser Inneres, in unser Herz eindringen.

– Kurze Stille –

Wir wissen:
Gott möchte unser Leben hell machen.
Er kommt uns entgegen.
Beten wir nun für alle, denen wir einen Lichtstrahl
Gottes wünschen.

Dazu kann jeweils ein Teelicht an der Kerze entzündet und in die Runde gestellt werden.

Guter Gott, wir bitten dich für
… die Oma, dass sie gesund bleibt,
… das kranke Kind in der Nachbarschaft …

Je präziser und persönlicher das Gebet ist, desto besser. Abschließend können Sie ein Adventlied singen:

Lied: *Tragt in die Welt nun ein Licht*

T/M: Wolfgang Longardt
© Verlag Ernst Kaufmann, Lahr

1. Tragt in die Welt nun ein Licht,
2. Tragt zu den Al - ten ein Licht,
3. Tragt zu den Kran - ken ein Licht,
4. Tragt zu den Kin - dern ein Licht,

sagt al - len: Fürch - tet euch nicht!

Gott hat euch lieb, Groß und Klein!

Seht auf des Lich - tes Schein.

3. Vom blühenden Barbarazweig

Ulrike Mayer-Klaus

«Kann ein toter Ast im Winter wirklich blühen? Hat der Papa von Barbara nicht gemerkt, wie gut es ist, mit Jesus befreundet zu sein? Wurde Barbara nach ihrem Tod wieder lebendig – so wie der Ast? Warum hat Barbara ihrem Papa nicht einfach gesagt, dass sie nicht an Jesus glaubt? Der Vater hätte ja nicht gemerkt, was sie denkt und fühlt.»

Das wissen wir dazu

Barbara, eine frühchristliche Märtyrerin, lebte vermutlich gegen Ende des 3. Jahrhunderts in Nikomedien, der heutigen Türkei. Sie zählt zu den volkstümlichsten Heiligen, obwohl man historisch nicht viel von ihr weiß. Sie war Tochter eines reichen Kaufmanns, der sie wohl sehr gern hatte und liebevoll umsorgte. Ihre Mutter fand schon früh den Tod. Dioskurus, so hieß der Vater, war Heide. Er hasste die Christen, die in dieser Zeit unter den Römern grausam verfolgt wurden.

Der Kaiser in Rom wollte als Gott verehrt werden. Die Christen konnten dieser Vorschrift nicht Folge leisten, da für sie nicht der Kaiser sondern Gott der Maßstab aller Dinge und Entscheidungen war.

Die Legende erzählt: Wenn Dioskurus längere Zeit verreisen musste, sperrte er Barbara in einen Turm, damit sie keinen Schaden erlitt oder Menschen traf, die seiner Meinung nach kein guter Umgang für sie waren. Nur eine Dienerin und ein Lehrer durften zu ihr kommen. Von ihnen erfuhr Barbara von Jesus, seinem heilbringenden Wirken für die Menschen und dem christlichen Glauben.

Dieser Jesus überzeugte sie so, dass sie sich zum Christentum bekehrte und taufen ließ. Als der Vater wieder einmal von seiner Geschäftsreise zurückkehrte, erfuhr er von der Entscheidung Barbaras. Es wird erzählt, dass er sie mit allen Mitteln umzustimmen versuchte, den christlichen Glauben wieder abzulegen. Doch alle Bemühungen des Vaters schlugen fehl. Letztendlich lieferte er die eigene Tochter dem römischen Statthalter aus. Barbara wurde gefangen genommen, in ein dunkles Turmverlies gesperrt und musste für ihren Glauben sterben – als Märtyrerin.

Die Legende erzählt weiter: Auf dem Weg Barbaras zum Gefängnis verfing sich ein Zweig in ihrem Kleid. Sie stellte ihn in einen Krug mit Wasser. Als sie zum Tode verurteilt wurde, war der Zweig aufgeblüht. Barbara erkannte in den Blüten ein Sinnbild für das neue Leben nach dem Tod bei Gott. So ging sie tapfer, gestärkt und vertrauensvoll ihrem Schicksal entgegen.

Das ist auch der Grund, weshalb Menschen am Barbaratag, dem 4. Dezember, mitten im Winter Obstoder Forsythienzweige in ihre Wohnungen holen und ins Wasser stellen. An Weihnachten beginnen sie zu blühen und erinnern an das große Vertrauen, das Barbara in Jesus hatte.

Die Barbarazweige lassen sich auch christlich deuten: So wie die Knospe die enge und dunkle Hülle sprengt, so sollen die Christen durch die Geburt Jesu neues Leben und neue Lebensmöglichkeiten finden.
Auch Jesus hat darauf hingewiesen:

«Seht euch den Feigenbaum und die anderen Bäume an: Sobald ihr merkt, dass sie Blätter treiben, wisst ihr, dass der Sommer nahe ist. Genauso sollt ihr erkennen, wenn ihr (all) das geschehen seht, dass das Reich Gottes nahe ist.» Lukas 21,29b–31

Die Bergleute, Festungsbauer und Architekten erwählten Barbara später – abgeleitet vom Symbol des Gefängnisturmes her – zu ihrer Schutzheiligen.

Das hat mit uns zu tun

In der Geschichte der heiligen Barbara baut sich eine Spannung auf, die für Kinder nicht leicht zu begreifen ist: Da steht die Faszination, die Begeisterung und Entscheidung für Jesus gegen die Auflehnung und die Abkehr vom Vater, zu dem Barbara ja ursprünglich wohl eine gute Beziehung hatte. Jesus gegen die eigenen Eltern auszuspielen ist für Kinder schwer nachvollziehbar. Wenn sie doch fragen, sollte man ihnen klar machen, dass Barbara sich *für* Jesus entschieden hat und nicht aus Trotz gegen das Verbot ihres Vaters gehandelt hat. Einsichtiger wäre die Wahl zwischen Jesus und dem römischen Kaiser, Heil und Unheil, Befreiung und Unterdrückung. Auf diese Spannung sollte eher der Akzent gelegt werden, wenn man mit Kindern auf diesen Konflikt zu sprechen kommt.

Auf wen oder was höre ich? Woran binde ich mein Herz? Welche Meinungen und Quellen nähren meine Entscheidungen? Woraus lebe ich? Das sind Fragen, die Eltern in der Erziehung ihrer Kinder umtreiben – auf ihr je eigenes Handeln hin aber auch im Blick auf Werte, die sie den Kindern vermitteln möchten.

Die Legende von der heiligen Barbara plädiert hier eindeutig und mit aller Konsequenz für das Evangelium und die Person Jesu, vor allem auf die Haltung, die Jesus uns rät und die uns Antwort gibt auf die Frage, warum Barbara sich so entschieden hat und nicht anders.

«Euch aber muss es zuerst um sein Reich und um seine Gerechtigkeit gehen; dann wird euch alles andere dazugegeben.» Matthäus 6,33

Das sollen Kinder verstehen

Barbara ist stark – nicht aus eigener Kraft und von der Situation her, aus wohlhabendem Hause zu stammen – sondern weil sie sich für Jesus entscheidet und sich an ihn bindet. Der Glaube an Jesus kann stärken und Angst überwinden.

Das können wir miteinander tun

Sie benötigen einen Satz einfache Holzbauklötze, eine Vase mit Wasser, ein Obst- oder Forsythienzweig, eine Kerze und Streichhölzer.

Bereiten Sie mit ein paar Bauklötzen die Grundmauern eines Turmes vor. Der Durchmesser des Turmes sollte so groß sein, dass eine Vase darin Platz hat.

Alle versammeln sich um den Turm im Kreis.

Erzählung

Vor langer Zeit lebte in der Türkei ein reicher Kaufmann, der hieß Dioskurus. Er hatte eine schöne Tochter: Barbara. Der Vater liebte und umsorgte Barbara sehr, war die Mutter doch schon früh gestorben. Wenn Dioskurus verreisen musste, brachte er Barbara in einen Turm. Der sollte sie schützen vor Gefahren und vor Menschen, die dem Vater nicht gefielen.

Die Kinder dürfen an dieser Stelle mit den Bauklötzen ein Stück des Turmes bauen.

Zu dem Turm hatten nur zwei Menschen Zugang: eine Dienerin und ein Lehrer.
Diese erzählten Barbara von Jesus. Davon, wie er Kranke heilte und Trauernde tröstete. Barbara erfuhr von Jesus, wie er den Menschen von Gott erzählte, wie er letzten Endes starb und wie Gott ihn vom Tod auferweckte. Die Geschichten von Jesus gefielen ihr. Barbara spürte, wie sie ihr Herz froh machten. Sie dachte: Zu Jesus – da will ich auch dazugehören. Da beschloss sie, sich taufen zu lassen und Christin zu werden. Diese Entscheidung machte sie so glücklich, dass sie es kaum erwarten konnte, ihrem Vater alles zu erzählen. Als der zurückkam, war er nicht erfreut. Im Gegenteil: Er wurde zornig und böse, denn er selber war ja auch kein Christ. Er wusste genau, wie die Römer und der Kaiser über die Christen dachten und wie sie sie hassten. Vielleicht wollte er Barbara davor bewahren. Zudem hatte er auf seiner Reise einen jungen, wohlhabenden Mann kennen gelernt. Allerdings war er kein Christ und wollte auch keine Christin heiraten. Nachdem der Vater merk-

te, dass Barbara von ihrem Entschluss nicht abzubringen war, wurde er noch wütender. In seinem Zorn schrie er: «Ich verrate Dich beim Kaiser!» Barbara begann innerlich zu zittern. Sie wusste, was dies zu bedeuten hatte. Der Kaiser nämlich ließ die Christen mit aller Härte verfolgen und umbringen. Was sollte sie tun?

Hier könnten die Kinder einbezogen werden, Rat zu geben, was Barbara jetzt tun solle.

(Dabei gilt es, nicht zu bewerten. Wenn ein Kind sagt, sie solle sich von Jesus abkehren, um ihr Leben zu retten, um die Beziehung zum Vater wieder ins Reine zu bringen, entspricht dies dem gesunden Empfinden von Kindern. Sein Leben gegen die eigenen Eltern aufs Spiel zu setzen – zudem auf jemanden, den man nicht einmal sieht (=Jesus) ist für Kinder schwer nachvollziehbar. Deshalb ist jede Antwort, welche die Kinder geben, an dieser Stelle ernst zu nehmen und als realistisch und gleichwertig zu behandeln.)

Barbara handelte gegen den Vater. Sie blieb sich treu und ließ sich vom Zorn des Vaters nicht entmutigen. Sie erinnerte sich an das, was ihr Lehrer ihr von Jesus erzählt hatte: «Wenn Du Jesus zum Freund hast, dann brauchst Du keine Angst zu haben! Gott macht Dich stark!»

Der/die Erzähler/in schaut die Kinder an und sagt:
Das ist der Satz, der für Barbara ganz wichtig wurde und weshalb sie sich für Jesus entschied. Diesen Satz können wir uns gegenseitig weiter sagen. Er gilt auch für jede/n von uns:

«Wenn Du Jesus zum Freund hast, dann brauchst Du keine Angst zu haben! Gott macht dich stark!»

Eine/r beginnt und sagt den Satz dem rechten Nachbarn weiter usw. Der/die Erzähler/in wiederholt am Schluss nochmals den Satz.

Fortsetzung der Erzählung

Als der Vater merkte, dass Barbara nicht mehr umzustimmen war, wurde er so böse, dass er sie in ein Gefängnis, in ein dunkles Turmverlies werfen ließ.

Die Kinder dürfen den Turm noch höher bauen.

Es war im kalten Winter. Man erzählt, dass sich auf dem Weg zum Gefängnis ein Kirschzweig in Barbaras Kleid verfing. Barbara stellte den Zweig in eine Vase mit Wasser.

Ein Zweig wird in eine Vase mit Wasser in den Turm gestellt.

Da geschah etwas Wunderbares. An dem Tag, als Barbara zum Tode verurteilt wurde, begann der Kirschzweig zu blühen. Sie sah auf den Zweig und sagte: «Es schaute aus, als ob du tot warst, aber du bist aufgeblüht zu neuem Leben. So wird es auch mit meinem Tode sein. Ich werde erblühen zu einem neuen, ewigen Leben bei Gott.»

An dieser Stelle kann man eine Kerze entzünden und neben den Turm stellen.

Lied: *Alle Knospen springen auf*

T: Wilhelm Willms, M: Ludger Edelkötter
© KiMu Kinder Musik Verlag GmbH, 45219 Essen

2. Alle Menschen auf der Welt fangen an zu teilen.
   Alle Wunden nah und fern fangen an zu heilen.
   Menschen teilen ...

3. Alle Augen springen auf, fangen an zu sehen.
   Alle Lahmen stehen auf, fangen an zu gehen.
   Augen sehen – Lahme gehen.
   Menschen teilen ...

4. Alle Stummen hier und da fangen an zu grüßen.
Alle Mauern tot und hart werden weich und
fließen. / Stumme grüßen – Mauern fließen.
Augen sehen – Lahme gehen.
Menschen teilen ...

Schlussimpuls für Eltern
Du bist gestorben für Jesus.
Auch unser Leben ist ein Sterben.
Aber in der Liebe entsteht Neues,
Ewiges, Blühendes:
Unser wahres Weihnachten.
Sei uns nahe, wenn die Kälte uns bedrückt
und der Winter uns bedroht.
Gib uns Menschen, die uns Wärme schenken,
die in den Knospen unseres Bemühens
das Blühen erkennen,
in den oft kahlen Zweigen unseres Alltags
die verborgene Freude.

Wolfgang Bader
© unbekannt

4. Vom Nikolaus ohne Schlitten

Albert Biesinger

«Hat es den Nikolaus wirklich gegeben? Kommt der Nikolaus direkt aus dem Himmel zu mir?
Warum hat der Nikolaus einen Knecht Ruprecht? Warum hilft der Bischof Nikolaus nicht auch heute armen Kindern?»

Das wissen wir dazu

Die legendäre Heiligengestalt des Bischof Nikolaus, dessen Fest wir am 6. Dezember feiern, wurzelt in zwei historischen Personen. Zum einen im wenig bekannten Bischof Nikolaus von Pinora (gestorben am 10. Dezember 564) und zum anderen in Bischof Nikolaus, der im 3./4. Jahrhundert in Myra in Lykien lebte, das am Mittelmeer in der heutigen Türkei liegt. Darüber hinaus kann es aber auch sein, dass der Name Nikolaus lediglich eine Ehrenbezeichnung für den Bischof von Myra war. Im Griechischen bedeutet der Name Nikolaus «Sieger des Volkes». Dieser Ehrentitel passte auf ihn, denn er hat den Menschen gezeigt, dass das Gute siegt und das Böse besiegt werden kann.

Die Verehrung des heiligen Nikolaus kam über Italien und erlebte im 10./11. Jahrhundert einen großen Aufschwung. Die Legenden über ihn reichen von der Befreiung dreier zu unrecht eingekerkerter Feldherren bis zur Rettung Schiffbrüchiger.

Er ist deswegen auch der Patron der Gefangenen und der Seefahrer. Sehr bekannt ist die Geschichte von der heimlichen Beschenkung dreier Jungfrauen mit je einem Goldstück, damit sie heiraten konnten. Dadurch entstand die Bedeutung des heiligen Nikolaus als Spender guter Gaben. Er wird deswegen auch mit drei Goldkugeln dargestellt. Eine weitere sehr bekannte Legende ist die Rettung Myras vor der Hungersnot.

Martin Luther legte Wert darauf, dass das Christkind die Kinder zu Weihnachten beschert und nicht der Bischof Nikolaus. Heute wird sowohl in evangelischen wie auch in katholischen Familien so gefeiert. Der Besuch des Bischof Nikolaus wurde in der Zeit nach der Reformation etwa im 17. Jahrhundert als religiöse Erziehung und Adventspädagogik verstanden. Denn hier war am 6. Dezember das Evangelium vom Gleichnis der Talente, die den Menschen anvertraut werden, vorgesehen (vgl. Matthäus 15,14–23).

Im Sinne des Gegensatzes von Gut und Böse trat der Nikolaus als gütiger Mensch oft in Begleitung verschiedener Schreckfiguren auf: Knecht Ruprecht, Krampus, Klaubauf u. a. Deren negativen Aktivitäten verselbstständigten sich zunehmend und machten den Kindern nur noch Angst.

Das hat mit uns zu tun

Beschenkt werden ist die zentrale Idee des Christentums: Dass wir überhaupt ins Leben gekommen sind, ist ein Geschenk Gottes und unserer Eltern. Unser ganzes Leben ist geschenktes Dasein. Durch das Nikolausspiel wird dies im Jahresrhythmus für Kinder, aber auch für uns Erwachsene, symbolisiert.

Der «Weihnachtsmann» hat im öffentlichen Bewusstsein den heiligen Nikolaus zu verdrängen versucht. Die Schokoladenfiguren sind überwiegend Weihnachtsmänner, nur selten findet man Figuren als Bischof mit Mitra und Stab dargestellt. Große Einkaufszentren wollen mit dem Weihnachtsmann, der ähnlich verkleidet ist wie der Bischof Nikolaus, lediglich eine Kaufstimmung verbreiten. Hier ist es nun bedeutsam, eine religiöse Gegenkultur aufzubauen, um dieser oberflächlichen Banalisierung entgegenzutreten. Der Nikolaus bringt etwas; er will für sich selbst nichts. Schafft man es, durch profilierte Nikolausspiele mit den Kindern zu Hause oder in den Kindertagesstätten die Kernaussage der Nikolauslegenden zu vermitteln, nämlich der selbstlosen Hilfe für andere, so durchschauen die Kinder das emotionsgeladene «Gedudel» in den Kaufhäusern.

Es ist in der heutigen Gesellschaft für Kinder wichtig, religiöse Erfahrungen machen zu können. Es ist erschreckend, wenn in Kindergärten die Nikolausfeiern aufgrund von nichtreligiösen oder andersgläubigen Kindern verboten werden. Wir verschenken viel, wenn wir die verschiedenen religiösen Wege sich gegeneinander ausspielen lassen und dadurch christliche Rituale und Feiern nicht mehr vollziehen. Zum einen gehören die christlichen Brauchtümer zu unserer Gesellschaft. Zum anderen ist es etwa für Kinder generell interessant, ein solches Nikolausspiel kennen zu lernen und dabei sein zu können. Es zeigt sich etwa, dass muslimische Kinder interessiert sind, was christliche Kinder mit Nikolaus, Advent und Weihnachten meinen. Im Sinne von interreligiösem Lernen wird man dann auch den christlichen Kindern erklären, was z. B. der Ramadan im Islam bedeutet.

Zu Bildung gehört religiöse Orientierung. Diese gewinnen Kinder am intensivsten durch Feste und Feiern, bei denen sie mit großen Augen und dem Herzen dabei sind und sich entsprechend beteiligen können. Dass bei christlichen Ritualen etwa muslimische oder nichtreligiöse Kinder nicht vereinnahmt werden dürfen und solche Feste sensibel vorzubereiten und zu feiern sind, ist selbstverständlich zu beachten. Gerade die Person des Bischofs Nikolaus ist für viele muslimische Kinder leicht zugänglich. Viele sagen: «Der Nikolaus kommt aus der Türkei.»
Das Nikolausspiel ist ein heiliges Spiel, das auf ein großes Geheimnis unseres Lebens hinweist: Es gibt Rettung in der Not. Gott schickt seine Hilfe in der Gestalt konkreter Menschen. Wir alle können füreinander Nikolaus sein, indem wir ähnliches tun wie er. Optisch wäre dies sichtbar, wenn man z. B. am Schluss eines Nikolausspiels einem der Kinder den Stab in die Hand drückt und die Mitra auf den Kopf setzt. Auch Kinder können füreinander «Nikolaus» sein ... Der Bischof Nikolaus hilft auch heute noch, wenn wir – wie er – einander helfen.

Das sollen Kinder verstehen
Das heilige Nikolausspiel ist eine Tradition, die Kinder und ihre Eltern tröstet. Es gibt immer wieder Menschen, die in der Not weiterhelfen. Bischof Nikolaus ist das Beispiel für einen Menschen mit großem Herz.

43

Der Bischof Nikolaus und sein heiliges Spiel ist aber deswegen so populär geworden und hat sich über so lange Zeit erhalten, weil er gleichzeitig eine Mahnung und Herausforderung dafür ist, Menschen in Not nicht alleine zu lassen. Kinder und ihre Eltern müssten nicht hungern, wenn es auf dieser Welt gerechter und liebevoller zugehen würde. Kinder und Jugendliche könnten bei ihren Eltern bleiben, wenn sich mehr Menschen anstrengen würden, friedlich miteinander zu leben.

Der Nikolaus bringt Geschenke, ist aber selbst eine Botschaft Gottes für unsere Zeit – eine echte Herausforderung.

Das können wir miteinander tun

Füreinander Nikolaus sein. Wenn sich die Familie trifft – oft mit anderen Familien zusammen – und der Nikolaus kommt, dann entsteht Spannung und eine besondere Atmosphäre.

Bei der Feier, bei der gemeinsam gesungen, musiziert, ein Gedicht vorgetragen und vor allem den Geschichten des Bischof Nikolaus gelauscht wird, ist jede Art von Angst und Drohung fern zu halten. Man kann es nicht deutlich genug formulieren: Der Nikolaus darf nicht als Erziehungsmittel missbraucht werden, das Nikolaus-Spiel ist nicht mit der Rute des Knechtes Ruprecht in Verbindung zu bringen.

Nikolausfeier

Nach einem Entwurf von Ursula Mast, Kindergarten St. Michael, Rottenburg

Begrüßung der Kinder

Lied: Lasst uns froh und munter sein

T/M: aus dem Rheinland

1. *Lasst uns froh und munter sein*
   und uns recht von Herzen freun. Lustig ...

2. *Dann stell ich den Teller auf,*
   Niklaus legt gewiss was drauf. Lustig ...

3. *Wenn ich schlaf, dann träume ich:*
   Jetzt bringt Nikolaus was für mich. Lustig ...

4. *Wenn ich aufgestanden bin,*
   lauf ich schnell zum Teller hin. Lustig ...

5. *Nikolaus ist ein guter Mann,*
   dem man nicht gnug danken kann. Lustig ...

Nikolaus begrüßt die Kinder

Wir spielen heute das heilige Spiel von Bischof Nikolaus, weil er so vielen Menschen geholfen hat.
Er erzählt kurz über sich: Er sei ein Freund des hl. Nikolaus, der vor vielen Jahren gelebt hat; weist darauf hin, dass Nikolaus Bischof war, zeigt Stab und Mitra.

Gedicht

Grüß Gott, grüß Gott, St. Nikolaus,
wir freuen uns gar sehr.
So setze dich, du lieber Gast,
bist müde, kommst weit her.

45

Warst immer gut den Kindern all,
drum lieben sie dich auch;
und Schenken lieber Nikolaus
war immer schon dein Brauch.

Erzählung der Nikolauslegende:
«Nikolaus und Jonas mit der Taube»

Hier ist die Stadt Myra.
Bischof Martin lebt in dieser Stadt.
Hier ist sein Haus.
Die Kinder formen mit ihren Händen ein Dach über dem Kopf.

Einmal, im Sommer, brannte die Sonne viele Monate lang auf die Erde. Das Gras färbte sich braun. Auf den Feldern verdorrte das Korn.

Keine Wolke zeigte sich am Himmel. Es regnete nicht. Die Wasserstellen vertrockneten.
Nur die tiefsten Brunnen spendeten noch Wasser. Ein Brunnen lag in der Mitte der Stadt.
Die Kinder formen mit ihren Armen einen Ring vor ihrem Oberkörper (Brunnen).

Die Frauen gingen mit Krügen zum Brunnen, um Wasser zu schöpfen.Sie trugen das kostbare Wasser vorsichtig wieder heim.
Alle Kinder tragen pantomimisch einen Krug.

Viele Tiere mussten sterben. Übers Land kam eine große Hungersnot. Die Vorratskammern waren leer.
Am Abend konnten die Kinder nicht einschlafen. Der Bauch tat ihnen weh. Sie riefen: Gib mir Brot! Aber die

Mutter hatte kein Brot. Manchmal sang sie ein Lied, damit die Kinder den Hunger vergaßen.
Alle Kinder strecken die Hände aus (bittende Haltung).

Bischof Nikolaus ging am Abend oft durch die Straßen. Er hörte das Weinen der Kinder. Er sah durch die Fenster und spürte die Not der Menschen. Gern hätte er geholfen, jedoch er hatte kein Brot

Eines Tages näherte sich dem Hafen am Meer ein Schiff.
Es kam aus einer fernen Stadt und war schwer beladen mit Korn.
Die Kinder spielen mit den Händen Wasserwellen.

An diesem Tag war Bischof Nikolaus unterwegs. Er wollte einen Kranken besuchen.
Er traf einen kleinen Jungen. Dieser trug eine Taube.

«Wer bist du?», fragte Bischof Nikolaus.
«Ich bin Jonas mit der Taube. Sie ist müde und matt. Sie hat nichts mehr zu fressen.»
«Wohin gehst du?», fragte Bischof Nikolaus.
«Ich will zum Hafen, dort ist ein Schiff, voll beladen mit Korn.»
Da nahm Bischof Nikolaus den Jonas an der Hand und ging mit ihm zum Hafen. Er dachte: Aus Korn kann man Mehl mahlen, aus Mehl Brot backen, dann hat die Hungersnot ein Ende.

Als die beiden zum Hafen kamen, waren viele Menschen dort.
Alle Kinder trippeln mit den Füßen schnelle Schritte.

Die Menschen waren still. Die Matrosen des Schiffes hielten ihnen ihre Lanzen entgegen.

Alle Kinder strecken die Hände vor.

Bischof Nikolaus rief: «Wo ist der Kapitän?»

«Hier bin ich!» rief der Kapitän.

«Kann ich zu dir auf das Schiff kommen?» fragte Bischof Nikolaus. «Ja, aber komm alleine,» rief der Kapitän.

Die Matrosen schoben ein schmales Brett vom Schiff an das Ufer.

Bischof Nikolaus ging hinüber, aber es wurde ihm schwindelig. Da eilte Jonas herbei; er führte ihn an der Hand hinüber.

«Was willst du von mir?», fragte der Kapitän.

«Du siehst die Leute hier leiden große Not. Verkaufe uns einen Teil deiner Kornsäcke.»

«Das darf ich nicht Es ist alles genau abgewogen Die Kornsäcke sind für den Kaiser. Der Kaiser bestraft mich, wenn ich die Kornsäcke nicht alle abgebe.»

«Die Leute müssen sterben vor Hunger, wenn du ihnen nicht hilfst.»

«Also gut ladet die Säcke ab.»

Die Matrosen trugen viele Säcke mit Korn an das Land. Jetzt hatte die Hungersnot ein Ende.

Alle Kinder spielen pantomimisch: einen Sack tragen, schwere Schritte, Säcke ausschütten. Sie zeigen mit den Händen wie der Kornberg wächst.

Bischof Nikolaus ließ das Korn verteilen. Aus Korn wurde Mehl gemahlen, aus dem Mehl Brot gebacken. Die Menschen gaben sich die Hände.

Alle waren glücklich und jubelten Bischof Nikolaus zu.

Kinder fassen sich an den Händen.

Singspiel (für kleinere Kinder): *Lieber, guter Nikolaus*

T/M/©: unbekannt

1. Lie-ber gut-ter Ni-ko-laus, so hö-re
doch, wir ma-chen dir Mu-sik.

Lie-ber gut-ter Ni-ko-laus, so hö-re
doch, wir spie-len dir ein Stück.

Kling, kling, kling, kling, kling kling,
kling, kling, kling, kling, kling, kling,
kling, kling, kling, kling, kling, kling.

2. ... wir rasseln dir ein Stück.
   Rasseli, rasseli, rassela, ...

3. ... wir trommeln dir ein Stück.
   Tromterom, tromterom, tromptera, ...

4. ... wir tanzen dir ein Stück.
   Tralala, tralala, tralala, ...

49

Tipp

Wir überlegen gemeinsam:

➡ Kennen wir Kinder, denen es nicht gut geht?

➡ Sind sie vielleicht arm, krank oder einsam?

➡ Können wir diesen Kindern helfen?

➡ Was könnten wir tun, um ihnen ein bisschen Freude zu schenken?

Oft sind es unscheinbare Sachen, die anderen große Freude bereiten.

Schlussimpuls für Eltern

Nikolaus war kein Mann der Worte, sondern der Tat. Es ist wohl kein Zufall, dass von ihm keine Schriften und schöne Predigten, sondern einzig und allein Taten überliefert wurden.

Statt langer Rede oder moralischer Ermahnungen handelte er als Christ, indem er kurz entschlossen half und rettete.

Robert Hotz SJ

5. Vom Abend, den wir «heilig» nennen

Ulrike Mayer-Klaus

«Warum feiern wir eigentlich Jesu Geburtstag, obwohl der schon lange gestorben ist? So viele wollten den neugeborenen Jesus sehen. War der damals schon berühmt? Und warum gab man ihm dann keine bessere Unterkunft als einen Stall?»

Das wissen wir dazu

In den Evangelien gibt es keinerlei Anhaltspunkte für den Tag der Geburt Jesu. Auch wurde er in den ersten Jahrhunderten nicht gefeiert. Warum ist dies so?

Dazu müssen wir wissen, dass die Evangelien (die vier Bücher im Neuen Testament, die uns vom Leben und Wirken Jesu erzählen) nicht unmittelbar nach Jesu Tod ihre Niederschrift fanden. Die Evangelisten Matthäus, Markus, Lukas und Johannes schrieben in der Zeit zwischen 70–120 n. Chr. Sie selber kannten Jesus nicht, sondern versuchten jeweils eine Zusammenschau der Informationen und Quellen, die sie mündlich oder schriftlich bekamen, zu verfassen. Allen gemeinsam ist die Verkündigung der Frohen Botschaft (griech. euangelion = Gute Nachricht) vom Sohn Gottes, der in die Welt kam und dem Leben diente bis in den Tod.

Gott hat ihn auferweckt, um zu zeigen, dass der Tod nicht das Ende ist. Die Evangelisten verfassten ihre Texte vom Ende her, d.h. sie schilderten ihre «Lebensberichte» von Jesus als dem Auferstandenen. Sie deuteten und beschrieben die Person Jesu aus ihren Erfahrungen und aus ihrem Glauben heraus. Insbesondere Markus, Matthäus und Lukas geht es um die Verkündigung des Reiches Gottes, das mit Jesus in die Welt kam und seinen Anfang nahm. Nur zwei der Evangelienschreiber, Lukas und Matthäus, interessierten sich überhaupt für den Anfang, für die Kindheitsgeschichte Jesu. Matthäus war eher wichtig, von Jesus als Nachkomme aus dem Hause Davids zu berichten. Deshalb zählt er zu Beginn seines Evangeliums die ganze Ahnenreihe auf, die zurückreichte bis zu König David. Damit bringt er die Geburt Jesu in Zusammenhang mit der großen Heilsgeschichte des Volkes Israel, das im Kommen Jesu seinen Höhepunkt fand. Bei Matthäus hören wir auch von den Sterndeutern, den Beratern von Königen, die Jesus ihre Huld erwiesen.

Der Evangelist Lukas berichtet ausführlich über die Geburt Jesu. Dabei forschte er nicht nach, ob sich alle Einzelheiten genau so ereignet haben oder nicht. Vielmehr wollte er zeigen: Gott kommt aus dem Überweltlichen, der Unantastbarkeit herunter und begibt sich in die Gestalt eines Menschen. Er stellt der politischen Großmacht des Römerreiches das Reich Gottes gegenüber, das sich im armseligen Kind in der Krippe zeigt. Und gerade dieses Kind ist der Retter der Welt – von Anfang an.

Und dann überlegte er, wie er diese schöne Nachricht in Bildern und Worte fassen kann, dass die Menschen begreifen. Er schrieb von den Hirten und Engeln, vom Stall im Betlehem, von Ochs und Esel neben der Krippe.

Einen historisch genauen Termin, wann Jesus geboren wurde, haben wir nicht. In den ersten Jahrhunderten wurde der Tag der Geburt Jesu auch nicht gefeiert. Wie kam man dann auf den 25. Dezember?
Dazu gibt es unterschiedliche Vermutungen:
An diesem Tag feierten die Römer das Fest des unbe-
siegbaren Sonnengottes.
Die Völker im Norden feierten den Tag der Winterson-
nenwende, an dem das Sonnenlicht wieder zunimmt.
Für die Christen war klar: Jesus ist die wahre Sonne,
das Licht der Welt. Deshalb legten sie das Geburtsfest
Jesu auf den Tag des Sonnenfestes.
«Weihnachten» hat seinen Namen von der «Geweih-
ten Nacht» und erinnert an die geweihten, heiligen
Mittwinternächte der Germanen, die sie aus Angst
vor Unglück und bösen Geistern den Göttern weih-
ten.
Mit der Geburt Jesu bricht eine neue Zeit an. Die
Menschen werden erlöst und befreit vom Druck, die
Götter der Germanen durch Weihe-Rituale friedlich
zu stimmen. Vielmehr nimmt sich Gott der dunkels-
ten Nächte der Menschen – auch im übertragenen
Sinne – an. Er kommt mitten in die Fragen des Lebens
und die Sehnsüchte der Menschen. Er befreit sie von
ihren Todesängsten und ermöglicht neue Lebensper-
spektiven. Hier nimmt das Erlösungsgeschehen seinen Anfang. Hier beginnt der Weg Gottes mit den
Menschen. Das ist schon lange her – über 2000 Jahre.
Und wenn wir dieses Geschehen in die Mitte unserer
weihnachtlichen Feier stellen, dann holen wir die Botschaft, die uns Großen wie Kleinen, Reichen und Be-
dürftigen, Erfolgreichen und Gescheiterten in glei-

cher Weise wie den Hirten damals gilt, ins Heute, ins Hier und Jetzt: «Euch ist heute der Heiland geboren!» Um nicht bei einer theoretisch überlieferten Tradition stehen zu bleiben, braucht es so etwas wie die innere Aneignung dieser Botschaft, das Hineinsagen der Worte in unsere Lebenswirklichkeit. Das ist nicht immer einfach. Das kann ganz schön provozieren angesichts der Grenzen und Leiden, in denen Menschen stehen, vor allem im Wissen darum, dass sich ihre Situation durch das Geschehen von Weihnachten nicht grundlegend verändert.

Wir zeigen in unseren Feiern unsere Bereitschaft, dem endgültigen Heil, der Erlösung entgegen zu gehen. Es liegt an uns, ob wir dieses Heilsangebot von Gott annehmen, es uns zu eigen machen, so dass er Gestalt in uns annimmt und wir aus diesem Halt heraus unser Leben gestalten. Die Schlüsselfrage, an der sich unser Leben entscheidet, lautet: Können wir glauben, dass Gott sich von der Ferne in die Nähe, von oben nach unten, vom Himmel auf die Erde eingelassen hat, so dass ihm nichts Menschliches und alles, was dazu gehört, fremd bleibt? Können wir darin Hoffnung und Halt für unser Leben, für unsere Sehnsüchte, Ängste und Unsicherheiten finden? Ja oder Nein? An dieser Frage entscheidet sich, ob die Botschaft von der Heiligen Nacht für uns heilend und tröstend wirkt.

Denn «wird Christus tausendmal zu Betlehem geborn und nicht in dir: du bleibst doch ewiglich verlorn».

Angelus Silesius

Das hat mit uns zu tun

Wir riechen, sehen und hören Weihnachten schon lange vorher, sind empfänglich und fasziniert zugleich, erinnert eine solche Atmosphäre doch an die Kindheit, an Heimat, an Geborgenes, wonach wir uns letztlich doch alle sehnen.

Große Hoffnungen werden auf dieses Fest hin wach. Wo Missverständnisse und Konflikte sind, wünscht man sich Frieden, wo Menschen warten, versucht man zu schenken – ein bisschen Zeit oder ein handgreifliches Symbol. Das WARUM des Schenkens müsste hier noch etwas deutlicher werden

Die Hoffnung nach Frieden, nach Harmonie hat aber auch eine gefährliche Seite. Nicht umsonst kommt es an Heilig Abend in manchen Familien zum Konflikt, den man genau zu diesem Zeitpunkt und Anlass nicht will. Wir müssen aufpassen, den Erwartungsbogen nicht zu weit – fernab der Realität, in der wir sonst leben – zu spannen, d.h. realistische Ziele setzen – auch im Blick auf die Feier. Heiliger Abend bedeutet nicht, dass ab jetzt und auf Knopfdruck die «heile Welt» einzieht. Es gilt, im Vorfeld gut zu überlegen, was mit den einzelnen Mitfeiernden inhaltlich gehen kann und was nicht. Dementsprechend sollte das Programm gestaltet sein – wissend, dass auch dies keine Garantie ist für ein gutes Gelingen.

Das sollen Kinder verstehen

Gott wird in Jesus ein Mensch, damit die Menschen wissen und merken, sie sind im Dunkel ihres Lebens nicht allein gelassen. Jesus bringt Rettung und Heil. Jesu Geburt ist der Anfang einer vertieften Freundschaft zwischen Gott und den Menschen. Diese Freundschaft feiern wir jedes Jahr am Heiligen Abend und freuen uns, wenn wir an Gottes Zuwendung wieder neu erinnert werden: Ich bin mit Dir! Du brauchst Dich vor nichts zu fürchten! Ich bringe Licht in Dein Leben!

Das können wir miteinander tun

Die Familie versammelt sich im relativ dunklen Raum. Es brennen zunächst keine Kerzen, weder am Christbaum noch an der Krippe. Alle sitzen im Kreis um eine schlicht gestaltete Mitte (schönes Tuch mit einer Kerze, die evtl. später ihren Platz an der Krippe finden könnte). Für die Feier wird außerdem benötigt und sollte bereit stehen: eine Bibel, ggf. eine Kinderbibel, das Jesuskind in der Krippe, für alle eine kleine Kerze bzw. Teelichter (für die Fürbitten) und Streichhölzer.

Ein/e Erwachsene/r spricht:
Jetzt ist er da, der Heilige Abend,
auf den wir uns schon lange freuen.
Ihr Kinder konntet es kaum erwarten.
Warum ist dieser Abend so besonders?
Warum nennen wir ihn «heilig»?
Wir erfahren davon in dieser Feier.
Noch ist es dunkel in unserem Raum.
Spürt dieses momentane Dunkle einmal
ganz bewusst, wie es sich anfühlt ...
Ein Lied beschreibt das Gefühl, das jemand
haben kann, der im Dunkeln sitzt:

Alle singen dieses Lied oder jemand spricht den Text vor.

Lied: *Wir warten auf das Licht*

T/M/©: unbekannt

Es ist dun – kel, es ist fins – ter und wir
war – ten auf das Licht, dass es
hell wird, dass es warm wird und die
Dun – kel heit bricht und die
Dun kel heit bricht. Es ist
dun – kel, es ist fins – ter, und wir
war – ten auf das Licht.

In unserem Leben gibt es auch Dunkles:
Menschen, denen wir begegnen ...
Nachrichten, die wir hören ...,
aber auch bei uns selber gibt es
manchmal Dinge, die unser Herz traurig
und dunkel machen ...
Wer möchte, kann jetzt sagen, was ihm dazu
einfällt.

Die einzelnen Mitfeiernden können Beispiele nennen.

An Weihnachten feiern wir, dass Gott Licht in das
Dunkel der Menschen bringt.
Damals – als Jesus geboren wurde –,
hat das angefangen.
Wir brauchen es immer wieder neu.
Und Gott schenkt uns dieses Licht –
immer wieder neu.

Jemand geht zur Mitte und entzündet die Kerze.

Die zweite Strophe des Liedes: Wir warten auf das Licht

2. *Seht die Kerze, wie sie leuchtet,*
wie sie strahlt in dunkler Nacht.
Allen Menschen, die sie sehen,
hat sie Freude gebracht,
hat sie Freude gebracht.
Seht die Kerze, wie sie leuchtet,
wie sie strahlt in dunkler Nacht.

Wir erinnern uns an den Anfang
der besonderen Freundschaft von Gott
und den Menschen.

Gott schenkt uns in Jesus ein großes Licht,
einen Retter, der uns aus
dem Dunkel zum Licht führt.

Jemand trägt die Bibel feierlich in die Mitte
und legt sie neben die Kerze.
Die Weihnachtsgeschichte wird gelesen – unterbrochen
nach der Stelle «und sie gebar ihren Sohn ...» (Lukas 2,7)

Hier stellt jemand das Kind in der Krippe dazu.
Danach wird die Weihnachtsgeschichte zu Ende gelesen.

Alle singen jetzt gemeinsam:

Lied: *Ihr Kinderlein kommet*

T: Christoph v. Schmid
M: Johann Abraham Peter Schulz

1. *Ihr Kinderlein, kommet, o kommet doch all!*
   Zur Krippe her kommet in Betlehems Stall.
   Und seht was in dieser hochheiligen Nacht
   der Vater im Himmel für Freude uns macht.

2. *O seht in der Krippe im nächtlichen Stall,*
   seht hier bei des Lichtes hell glänzendem Strahl,
   in reinlichen Windeln das himmlische Kind
   viel schöner und holder, als Engelein sind.

3. *Da liegt es, ihr Kinder, auf Heu und auf Stroh.*
   Maria und Josef betrachten es froh.
   Die redlichen Hirten knien betend davor,
   hoch oben schwebt jubelnd der Engelein Chor.

4. *O beugt, wie die Hirten, anbetend die Knie,*
   erhebet die Händlein und danket wie sie;
   stimmt freudig, ihr Kinder, wer wollt sich nicht freun,
   stimmt freudig zum Jubel der Engel mit ein!

Jesus kam zu den Menschen damals.
Daran erinnern wir uns.
Manche denken vielleicht:
Schade, dass er nicht heute
nochmals in echt kommt!
Aber das braucht er nicht.
Denn wir wissen: Er hat einmal gesagt:
Wenn ich nicht mehr in der Welt bin,
dann bin ich trotzdem bei Euch alle Tage.
Im Heiligen Geist bin ich unsichtbar da.
Und ich erfülle Eure Herzen und mache Euch froh.
So will er auch heute zu uns kommen
und unser Leben hell machen.
Die Botschaft «Euch ist heute der Heiland geboren!»
gilt jedem von uns.

Ein/e Erwachsene/r nimmt das Jesuskind mit der
Krippe aus der Mitte in die Hand, wendet sich dem lin-
ken Nachbarn zu und reicht es diesem achtsam und
mit den Worten weiter:
«N. (*Namen nennen*), Dir ist heute
der Heiland geboren!»

61

So verfahren alle reihum. Der/die letzte in der Runde bringt das Kind in der Krippe wieder zur Mitte.

Denken wir nun an die Menschen im Dunkeln und an all das Dunkle, das wir am Anfang genannt haben ... Wir bitten Gott, dass er auch dort Licht ins Dunkel bringt.

An dieser Stelle können Bitten formuliert, dazu jeweils ein Licht entzündet und zur Mitte gestellt werden.

Anschließend folgt die dritte Strophe des obigen Liedes: Wir warten auf das Licht

3. *Liebe Kerze, brenne weiter,*
   dass es hell wird überall:
   Bei den Menschen auf den Bergen
   und auch unten im Tal
   und auch unten im Tal.
   Liebe Kerze, brenne weiter,
   dass es hell wird überall.

Alle fassen sich an den Händen und beten gemeinsam das Vaterunser:

Vater unser im Himmel,
geheiligt werde dein Name.
Dein Reich komme.
Dein Wille geschehe,
wie im Himmel so auf Erden.
Unser tägliches Brot gib uns heute.
Und vergib uns unsere Schuld,

wie auch wir vergeben unsern Schuldigern.
Und führe uns nicht in Versuchung,
sondern erlöse uns von dem Bösen.
Denn dein ist das Reich und die Kraft
und die Herrlichkeit in Ewigkeit. Amen.

Gottes guter Segen
sei mit uns auf unseren Wegen,
sein Licht erhelle alles Dunkle und unser Herz.
Dazu segne uns der Vater, der Sohn und der Heilige
Geist. Amen.

Alle singen gemeinsam:

Lied: *Stille Nacht, heilige Nacht*

T: Joseph Mohr, 1816 (Urfassung), M: Franz Xaver Gruber, 1818

1. Stille Nacht! Heilige Nacht!
Alles schläft, einsam wacht
nur das traute hochheilige Paar,
holder Knabe im lockigen Haar:
Schlaf in Himmlischer Ruh
schlaf in himmlischer Ruh.

2. Stille Nacht! Heilige Nacht!
Gottes Sohn, o wie lacht
Lieb aus deinem göttlichen Mund,
Da uns schlägt die rettende Stund:
Jesus, in deiner Geburt!
Jesus, in deiner Geburt!

3. Stille Nacht! Heilige Nacht!
   Hirten erst, kund gemacht;
   durch der Engel Halleluja
   tönt es laut von fern und nah:
   Christ der Retter ist da!
   Christ der Retter ist da!

Schlussimpuls für Eltern

Weihnachten heißt: Er ist gekommen.
Er hat die Nacht hell gemacht.
Er hat die Nacht unserer Finsternis,
die Nacht unserer Unbegreiflichkeiten,
die grausame Nacht
unserer Ängste und Hoffnungslosigkeiten
zur Weihnacht, zur heiligen Nacht gemacht.

Gott hat sein letztes, sein tiefstes,
sein schönstes Wort
im fleischgewordenen Wort
in die Welt hineingesagt.
Und dieses Wort heißt:
Ich liebe dich, du Welt und du Mensch.
Ja, zündet die Kerzen an!
Sie haben mehr recht als alle Finsternis.

Karl Rahner
aus Ders., Worte gläubiger Erfahrung.
Hg. von Alice Scherer. Neuausgabe
© Verlag Herder Freiburg i. Br. 2004

64

6. Vom göttlichen Kind in der Krippe

Albert Biesinger

«Kommt das Christkind wirklich vom Himmel oder aus dem Wald? Kann Gott überhaupt einen Sohn haben? Warum ist Jesus in einer Krippe und nicht in einem Königspalast geboren, wenn er doch der König der Welt sein soll? Bringt das Christkind wirklich die Geschenke? Warum mussten Maria und Josef von Nazaret nach Betlehem gehen? Wie konnten die Hirten wissen, dass das Kind in der Krippe das göttliche Kind ist? Woher wusste Maria, dass ihr Sohn der Retter der Welt wird?»

Das wissen wir dazu

Jesus von Nazaret wurde in der Regierungszeit des Königs Herodes vor mehr als 2000 Jahren geboren. Die Zeitrechnung in unserem Kulturkreis wird mit «vor Christus» und «nach Christus» angegeben. In anderen Kulturkreisen gibt es andere Jahresberechnungen. Jesus wurde vom Engel Gottes als Sohn des Höchsten angekündigt. Die junge Frau Maria wurde vom Engel gefragt, ob sie die Mutter Jesu werden will und sie hat – gehorsam und mutig – ja gesagt (Lukas 1,26–38).

Jesus ist bei Maria und Josef in Nazaret aufgewachsen. Er wird von seiner Umgebung der «Sohn des Zimmermanns» genannt.

Jesus war aber nicht einfach nur ein guter Mensch, ein großer Prophet, ein Heiler oder gar Sozialrevolutionär. Denn er ist mehr als nur ein Mensch: er ist Sohn Gottes. Dies ist ein Geheimnis, das nie ganz verstanden werden kann. Er hat in dieser ganz außergewöhnlichen Beziehung mit Gott, dem Schöpfer der Welt, zu dem er Vater sagte, gelebt – selbst wahrer Gott.

Seine Hauptaufgabe war es, aus der göttlichen Welt in unsere Welt hier auf der Erde einzutauchen und sich damit mit uns Menschen auf eine Stufe zu stellen. Vielfach wird die göttliche Welt als der Himmel umschrieben.

In der Bibel wird dies in einem Brief des Apostels Paulus eindrucksvoll ausgedrückt:

«Seid untereinander so gesinnt,
wie es dem Leben in Christus Jesus entspricht:
Er war Gott gleich,
hielt aber nicht daran fest, wie Gott zu sein,
sondern er entäußerte sich
und wurde wie ein Sklave
und den Menschen gleich.
Sein Leben war das eines Menschen;
er erniedrigte sich
und war gehorsam bis zum Tod,
bis zum Tod am Kreuz.

67

Darum hat ihn Gott über alle erhöht
und ihm den Namen verliehen,
der größer ist als alle Namen,
damit alle im Himmel,
auf der Erde
und unter der Erde
ihre Knie beugen vor dem Namen Jesu
und jeder Mund bekennt:
‚Jesus Christus ist der Herr' –
zur Ehre Gottes, des Vaters.»   *Brief an die Philipper 2,5–11*

Dass Jesus Christus aus der göttlichen Welt kommend sich so mit uns Menschen verbindet, dass er seinen Sohn in diese Welt schickt, er als Kind Jesus von Nazaret in der Krippe in Betlehem – arm und bedroht – geboren wird, ist das Anrührende an der Beziehung Gottes zu den Menschen. Wir sind zugehörig zu Gott, weil er selbst zu uns gehört, mit uns den Weg der Menschen geht und uns befreit.

Darin unterscheidet sich das Christentum komplett vom Judentum und vom Islam, mit denen es sich zusammen auf Abraham beruft.
Im Judentum ist es völlig undenkbar, dass Gott Mensch wird. So glauben die Juden daran, dass der Messias noch kommen wird.
Muslime vertrauen auf Allah. Sie halten Jesus für einen Propheten. Er wird sehr positiv eingeschätzt, aber er ist nicht Gottes Sohn. Gott kann für Muslime keinen Sohn haben.
Umso mehr ist es für Christen das große Geschenk, dass sich Gott uns in dem Kind von Betlehem mitge-

teilt hat. Er steigt in seinem Sohn Jesus Christus selbst in diese Welt hinab, teilt das Leben mit uns Menschen, auch das komplizierte, oft traurig machende Leben. Er selbst geht durch den menschlichen Tod hindurch, erlebt auch das Sterben. In seinem Sohn Jesus Christus gibt uns Gott die Botschaft, dass wir über den Tod hinaus zu ihm gehören, es ein Weiterleben nach dem Tod gibt. Dies können und sollen wir uns nicht zu konkret vorstellen, weil es immer auch unsere Vorstellungsmöglichkeiten übersteigt.

Jesus Christus ist aber nicht Gottes Sohn so wie ein leibliches Kind von Vater und Mutter gezeugt wird. Es ist Gottes Geist, der in dem Kind von Betlehem, Jesus, Gestalt angenommen hat und uns begegnet. Dass Gott als armes Kind in die Welt kommt, die Hirten auf dem Felde es sind, die von den Engeln als erste von seiner Geburt hören, zeigt die Nähe Gottes zu den armen und ausgegrenzten Menschen.
Das, was wir wissen, haben wir aus dem Evangelium nach Lukas:

«In jenen Tagen erließ Kaiser Augustus den Befehl, alle Bewohner des Reiches in Steuerlisten einzutragen. Dies geschah zum ersten Mal; damals war Quirinius Statthalter von Syrien.
Da ging jeder in seine Stadt, um sich eintragen zu lassen. So zog auch Josef von der Stadt Nazaret in Galiläa hinauf nach Judäa in die Stadt Davids, die Betlehem heißt; denn er war aus dem Haus und Geschlecht Davids. Er wollte sich eintragen lassen mit Maria, seiner Verlobten, die ein Kind erwartete.

69

*Als sie dort waren, kam für Maria die Zeit ihrer Nieder-
kunft, und sie gebar ihren Sohn, den Erstgeborenen. Sie
wickelte ihn in Windeln und legte ihn in eine Krippe,
weil in der Herberge kein Platz für sie war.*

*In jener Gegend lagerten Hirten auf freiem Feld und
hielten Nachtwache bei ihrer Herde. Da trat der Engel
des Herrn zu ihnen und der Glanz des Herrn umstrahl-
te sie. Sie fürchteten sich sehr, der Engel aber sagte zu
ihnen: Fürchtet euch nicht, denn ich verkünde euch eine große Freude, die dem ganzen Volk zuteil werden
soll:*

*Heute ist euch in der Stadt Davids der Retter geboren;
er ist der Messias, der Herr. Und das soll euch als Zeichen dienen: Ihr werdet ein Kind finden, das, in Windeln gewickelt, in einer Krippe liegt.*

*Und plötzlich war bei dem Engel ein großes himmli-
sches Heer, das Gott lobte und sprach:*

*Verherrlicht ist Gott in der Höhe
und auf Erden ist Friede
bei den Menschen seiner Gnade.*

*Als die Engel sie verlassen hatten und in den Himmel
zurückgekehrt waren, sagten die Hirten zueinander:
Kommt, wir gehen nach Betlehem, um das Ereignis zu
sehen, das uns der Herr verkünden ließ. So eilten sie hin
und fanden Maria und Josef und das Kind, das in der
Krippe lag. Als sie es sahen, erzählten sie, was ihnen
über dieses Kind gesagt worden war.*

*Und alle, die es hörten, staunten über die Worte der
Hirten. Maria aber bewahrte alles, was geschehen war,
in ihrem Herzen und dachte darüber nach. Die Hirten
kehrten zurück, rühmten Gott und priesen ihn für das,
was sie gehört und gesehen hatten; denn alles war so*

gewesen, wie es ihnen gesagt worden war.» Lukas 2,1–20
Die Geburt Jesu ist uns so überliefert. Bibeltheologisch unumstritten ist, dass der Kern der Botschaft heißt:

«Heute ist euch der Retter geboren, in der Stadt Davids: Christus, der Herr.» Lukas 2,11

Dies besingen wir auch in dem weltberühmten Lied Stille Nacht: «Christ, der Retter, ist da!»
Jesus wird in der Futterkrippe einer Höhle geboren als einer der Ärmsten der Armen. Er ist bedroht, weil König Herodes in Jerusalem seine Macht durch dieses Kind in der Krippe gefährdet sieht. Die Geburtshöhle ist aber nur der Anfang.
Die eigentliche Botschaft, die später dann erst zur Feier des Weihnachtsfestes geführt hat, ist die Erfahrung der Jünger an Ostern, dass der am Kreuz gestorbene Jesus von Nazaret von Gott auferweckt worden ist. Wenn es Ostern nicht gegeben hätte, würden wir Weihnachten gar nicht feiern. Die Geburtshöhle und die Grabeshöhle stehen in einem geheimnisvollen Zusammenhang.

Das hat mit uns zu tun
Die Weihnachtsbräuche haben ihre Mitte und ihre tiefen Wurzeln in dem Geschenk, das Gott selbst uns macht. Er schenkt uns Jesus von Nazaret, der aus der Welt Gottes hineinreicht in unsere Welt, der durch sein Leben, durch sein Sterben und durch seine Auferweckung zum Erlöser der Welt wird. Gott selbst kommt auf uns in unseren Familie zu und schenkt uns in Jesus Christus seine Nähe und Geborgenheit.

Weih-Nachten ist die von Gott geweihte Nacht. Wir feiern in dieser Nacht, dass Unheil und Dunkelheit unserer Welt in ihre Grenzen verwiesen werden. Die Rettung der Welt und die Rettung Ihres eigenen Lebens und das Ihrer Kinder leuchtet auf in der Mitte der Nacht, in der Dunkelheit auch Ihres Lebens.

Im Geheimnis der Heiligen Nacht wird unserem Leben der Reichtum an Sinn zugesprochen: Gott ist auf Eurer Seite!

So ist es nicht erstaunlich, dass die gesellschaftlichen Ordnungen auf den Kopf gestellt werden: Gottes Licht zeigt sich nicht zuerst den Frommen in Jerusalem, sondern den Hirten auf den Feldern von Betlehem, die in der damaligen religiösen Welt nur Randfiguren waren.
Wenn wir den Heiligen Abend in unseren Familien feiern, können wir der Verheißung Gottes trauen, dass es mit unserem Leben gut gehen wird trotz Krankheit und Konflikt, trotz Not und Tod.

Das sollen Kinder verstehen
Weihnachten ist der Geburtstag Jesu. An diesem Fest feiern wir seine Geburt und seine Bedeutung als Retter der Welt. Hinter dem Weihnachtsrummel das Geheimnis zu verstehen, dass sich in dem Kind in der Krippe Himmel und Erde berühren, in ihm sich der Himmel für uns Menschen öffnet und sich ein Weg, jetzt und über den Tod hinaus in den Himmel hinein zeigt, das ist die Botschaft und Herausforderung.

Nur im Lukasevangelium wird die Geburt in Betlehem so genau beschrieben. Bei den anderen drei Evangelien nicht. Schon in der Bibel wird dieses Geheimnis verschieden ausgedrückt. Es geht aber um die geheimnisvolle Wahrheit, die in ganz verschiedenen Sprachen und Bildern zum Ausdruck kommt.

Kinder können verstehen, dass Weihnachten auch eine Herausforderung ist, sich für Menschen einzusetzen, denen es nicht gut geht. Kinder sind sehr sensibel für das Kind, das ganz arm in einer Krippe geboren werden muss und können von daher gut verstehen, wenn Solidarität mit anderen Kindern heute gefordert ist, die arm sind und leiden. Die Gestaltung des Heiligen Abends in der Familie ist deswegen auch eine große Chance, den Weihnachtsrummel hinter sich zu lassen und sich gemeinsam der geheimnisvollen Berührung in der Heiligen Nacht zu stellen. Mit Geschichten, Liedern, der Weihnachtsgeschichte aus dem 2. Kapitel des Lukasevangeliums kann eine kurze Weihnachtsfeier religiös gestaltet werden.

Das in der Krippe liegende Kind hat nichts mit pompösen Fernsehshows oder romantischen Winterstimmungen zu tun. Gott macht Karriere nach unten: hinein in die unscheinbare Situation in einem Stall, weitab von Glanz und Glitzer, Reichtum und Macht.

All das, was in Ihrer Familie als schwere Pakete mit ins Leben gegeben sind, können Sie an der Krippe ablegen. Später wird dieser Jesus zu den Menschen sagen:

73

«Kommt alle zu mir; ich will euch die Last abnehmen. Stellt euch unter meine Leitung und lernt bei mir, dann findet euer Leben Erfüllung.» nach Matthäus 11,28f

Das können wir miteinander tun

In vielen Familien heißt es, «Das Christkind hat die Geschenke gebracht!» Mitte des 16. Jahrhunderts löste das Christkind vor allem in evangelischen Gebieten den Nikolaus als Gabenbringer ab. Dies wurde später auch von katholischen Familien übernommen. Es entwickelten sich ähnlich wie beim Nikolaus Adventsfeiern mit dem Christkind als Heiliger Christ. Dahinter stand der Gedanke, die Freude, die wir über Jesu Geburt empfinden, weiterzugeben.

Die Geschenke zu Weihnachten, die wir uns gegenseitig liebevoll schenken, können sehr wohl mit dem Geheimnis dieser Nacht zu tun haben. Auch wenn Ihnen der alljährliche Weihnachtsrummel oft erschwert, zwischen dem Geschenk Gottes an uns Menschen – nämlich Jesus Christus – und den Geschenken, die wir einander machen, einen inneren Zusammenhang zu entdecken: Hilflos ausgeliefert sind wir der Glitzerwelt der Einkaufsstraßen allerdings nicht. Wir können in der Familie eine Gegenbewegung entwickeln und gemeinsam den eigentlichen Sinn suchen und feiern.
Sie entscheiden selbst, ob Sie mit Ihrer Familie auf der Ebene von Schokoladen-Weihnachtsmännern, Glühwein und kitschigen Liedern Weihnachten feiern, oder ob Sie in der Familie Antennen entwickeln wollen, um in diesem Fest die Beziehung mit Gott zu entdecken und zu feiern. Und zwar so, dass aus diesem

Fest Heilkraft für Ihr gemeinsames Leben entsteht, nicht nur in der Weih-Nacht, sondern in den vielen geweihten Alltagen im kommenden Jahr.

In der Vorbereitung auf dieses Fest ist es wichtig, weniger zu tun als zuviel. Wenn Feiertags-Stress entsteht, entzünden sich unnötige Konflikte, Enttäuschungen oder Einsamkeit. In der Familie ist es hilfreich, das Fest gemeinsam in Ruhe und Gelassenheit vorzubereiten, möglichst alle zu beteiligen und Kinder auch schon in die Verantwortung für die Vorbereitung und Gestaltung einzubeziehen. Dieses Fest nicht emotional zu überfordern und alle unerfüllten Wünsche und Sehnsüchte eines ganzen Jahres in die Feier dieser Stunden und Tage hineinzupressen, entspannt den Erwartungsdruck.

Ein konkreter Vorschlag zur Feier des Heiligen Abends

Die Familie kann sich um die Krippe versammeln und die Frohe Botschaft dieser Nacht (Lukas 2,1–20) – die Erzählung über die Geburt Jesu – lesen. Sie können gemeinsam mit Ihren Kindern zum Kind in der Krippe beten – für Ihre Freunde, die Oma und den Opa, für die Kinder in den Krankenhäusern und Elendsvierteln dieser Erde. Vielleicht darf eines der Kinder zuvor die Jesusfigur in die Krippe legen und die Kerze davor entzünden.

Gemeinsam schweigend in das Licht schauen und dann zusammen die Kerzen des Weihnachtsbaumes anzünden, ist eine Erfahrung, die Ihnen und Ihren Kindern unvergesslich bleiben wird.

Einige Weihnachtslieder können eine solche kurze Weihnachtsliturgie in der Familie abschließen. Danach erst gibt es die Geschenke und anschließend das gemeinsame Essen.

Weihnachten so in der Familie zu feiern, ist weit ab von Kitsch. Gefühle dürfen in der Heiligen Nacht sehr wohl aufkommen. Was wäre dieses Fest ohne Emotionen. Sie sind aber eingebettet in ehrliche Gebete, solidarische Fürbitten und nicht zuletzt in den heiligen Text über die Heilige Nacht aus dem Lukasevangelium.

Wenn der Tannenbaum, die Krippe, die Geschenke, das gemeinsame Essen Ausdruck dieses inneren Kerns des Evangeliums sind, dann ist die Feier der Heiligen Nacht auch ein inhaltlicher Höhepunkt im gesamten Familienleben.

Schlussimpuls für Eltern

Ehre sei Gott in der Höhe,
der heruntergekommen ist
bis in meine Tiefe.

Elmar Gruber

7. Vom Verabschieden des alten Jahres

Ulrike Mayer-Klaus

«Warum heißt der letzte Tag im Jahr «Silvester»? Wann gibt es ein Feuerwerk? Manche Erwachsene wünschen sich einen «Guten Rutsch». Das ist doch kein guter Wunsch, oder!? Warum läuten um Mitternacht die Glocken?»

Das wissen wir dazu

Mit der letzten Nacht des Jahres verband man ursprünglich wenig christliches Brauchtum. Erst später – als die Kirche den 1. Januar als Beginn des neuen bürgerlichen Jahres anerkannte, wurde auch dem Jahresabschluss Bedeutung zugemessen.

Der letzte Tag im Jahr ist benannt nach dem heiligen Silvester. Er war Papst von 314–335 n. Chr. Im Jahr zuvor war das Christentum im Römischen Reich den anderen Religionen gleichgestellt worden, es wurde zur Staatsreligion. In der Amtszeit dieses Papstes konnte es sich nach einer schweren Zeit der Verfolgung in Freiheit entfalten.

Jedes Silvester kann uns von daher immer wieder erinnern, wie wichtig es ist, den Frieden und die Freiheit in allen Phasen und Übergängen neu zu betonen.

Der Silvestergruß «Guter Rutsch» leitet sich möglicherweise aus einer jüdischen Redewendung ab. «Rosch ha-Schana» bedeutet so viel wie «Gutes Neujahr» (Rosch = Anfang, Haupt; ha-Schana = Jahr). Der

78

Brauch, den Übergang vom alten zum neuen Jahr mit Feuerwerk und Böllern zu begehen, geht auf die Zeit der Germanen zurück. Durch Lärmen und Räuchern sollten Dämonen und böse Wintergeister vertrieben werden, die man in den Raunächten besonders am Werk sah. Dahinter steckte wohl folgende Vorstellung: Durch Erzeugen von bestialischem Lärm lassen sich die Geister vertreiben. Heute ist das Feuerwerk Ausdruck der Vorfreude auf das neue Jahr.

Es gibt auch kritische Stimmen, die im Brauch des Böllerns ein Flüchten aus der Dunkelheit sehen. Man wolle der Nacht, die an das Ende erinnert und evtl. mit existentiellen Fragen konfrontiert, entfliehen.

Dennoch ist es für viele Menschen bedeutsam, an Silvester Rückblick zu halten und die Gelegenheit zu nützen, für sich und das eigene Leben Bilanz zu ziehen.

Daneben ist für manche wichtig, sich an Silvester mit anderen zu treffen, gemeinsam zu spielen, zu essen und zu feiern. Vielleicht steckt dahinter unbewusst das Bedürfnis, im Blick auf Ende und Abschiednehmen nicht allein zu sein, sondern sich im Zusammensein mit anderen begleitet und getragen zu wissen.

Ja, die Unsicherheiten des Lebens, die sich im Bewusstsein der Menschen im Jahreswechsel in besonderer Weise manifestieren, erwecken die Sehnsucht, das eigene Leben – mit allen Facetten – in Gottes Hände zu legen, seinen Schutz und Segen zu erbitten. Im Jahresschlussgottesdienst findet ein Jahresrückblick in Rückbindung an Gott statt – sowohl in der Haltung des Dankens als auch im Klagen, Hoffen und Bitten für das Kommende.

79

Diese Dimension unterstreichen auch die Glocken, die um Mitternacht das neue Jahr einläuten. Sie möchten in uns wieder neu das Vertrauen und die Hoffnung wecken: Gott geht in allem Neuen unsere Wege mit.

Das hat mit uns zu tun

Silvester ist für viele Familien mit jüngeren Kindern nach den Tagen der Weihnacht die zweite Gelegenheit, als Familienverbund nochmals dichter zusammenzurücken. Es bietet die Chance, gemeinsam auf Vergangenes zurückzublicken und miteinander auf Kommendes zuzugehen.

Kinder erleben Übergänge wie den Jahreswechsel mit Neugier und Offenheit und fiebern einzelnen bekannten Ereignissen, wie z.B. der Einschulung entgegen. Ein neues Jahr bedeutet für Kinder: Ich werde älter, größer, ich kann immer mehr.

Eltern dagegen begleitet in solchen Übergängen nicht selten zu aller Hoffnung die Sorge, ob alles gut gehen wird.

Neben Weihnachten ist auch Silvester eine sensible Zeit im Jahr, in der wir uns besonders unserer Vergänglichkeit und Endlichkeit bewusst werden. «Schon wieder ist ein Jahr vergangen!» «Jetzt sind wir wieder ein Stück älter!» «Wie doch die Zeit vergeht!» «Hoffentlich gehen wir einem guten und heilvollen Jahr entgegen!»

Das Spüren von Ohnmacht und die Sehnsucht angesichts dessen, was wir erleben, was uns widerfährt, was wir nicht machen können in der Zeit, verbindet uns in den Wünschen, die wir uns einander in der Silvesternacht und an Neujahr zusprechen – und zwar in allen Altersstufen, von den Kindern bis zu den Ältesten.

Das sollen Kinder verstehen

Leben ist nicht Zufall. Leben ist Geschenk. Der Jahreswechsel ist eine Möglichkeit, das Leben, seine Entwicklung, die Geschehnisse – ob sie froh machend oder traurig sind – bewusst in den Blick zu nehmen, für Vergangenes zu danken oder sich ggf. damit zu versöhnen und für Kommendes zu hoffen und Heil zu erbitten. Dies gilt für Kinder wie für Erwachsene gleichermaßen. Alle sind wir angewiesen auf Gottes Schutz und Segen.

Die Bräuche des Silvesterabends verbinden uns mit Menschen und Kulturen einer früheren Zeit. Sie zeigen uns, dass sich die Menschen damals wie heute nach Frieden, Freiheit und innerem Heil gesehnt haben und sehnen.

Das können wir miteinander tun

Für ein gemeinsames Besinnen wird gebraucht: eine große Baumscheibe, kleine Baumscheiben (für jedes Familienmitglied), braune oder beige Wolle, eine Kerze, eine Schale mit Glassteinen oder Murmeln und Steine aus der Natur.

Die Familie versammelt sich in einem Stuhlkreis. Die Mitte ist zunächst leer, füllt sich aber durch das Ablegen entsprechender Symbole.

Lied: *Alles vergeht, Neues entsteht*

T/M/©: Ulrike Mayer-Klaus

Al-les ver - geht.___ Neu-es ent - steht___

Gott a - ber bleibt in E - wig - keit.___

Ein/e Erwachsene/r spricht:
Schön, dass wir jetzt beieinander sind. Ein Jahr geht zu Ende. Wir feiern heute Silvester.
Der letzte Tag im Jahr ist benannt nach dem Papst Silvester. Nach einer Zeit, in der die Kirche zuvor unterdrückt und unfrei war, konnten die Christen während seines Pontifikats in Frieden und Freiheit leben. Wenn der letzte Tag im Jahr nun «Silvester» heißt, dann passt gut dazu, dass wir uns in diesen Tagen auch den Frieden und die Freiheit wünschen.

Eine große Baumscheibe wird in die Mitte gelegt.

Ein Jahr geht zu Ende.
Wir alle sind wieder um ein Jahr gewachsen.
Jede/r ist ein Jahr älter geworden.
Wir wissen unser Alter und können es sagen ...

Alle sagen, wie alt sie jetzt sind ... Kinder sind darauf besonders stolz.

Lied: *Alles vergeht, Neues entsteht*

Betrachten wir nun die Baumscheibe in der Mitte.
Beim Baum können wir das Alter
an den Jahresringen ablesen.

Jede Baumscheibe hat eine Mitte.
Wie alt der Baum auch immer sein wird,
die Mitte bleibt.
Um diese Mitte bilden sich Jahresringe.
An den Jahresringen kann man abzählen,
wie alt der Baum ist.
Sie zeigen aber auch, was für Lebensjahre
der Baum hinter sich hat:
Schmale Ringe weisen auf Jahre, in denen
Wasser und Nahrung knapp waren.
Breite Ringe bildeten sich, als es viel
Nahrung gab.
Und dennoch: Die schmalen Ringe sind
die festen, harten und stabilen, die das Holz
widerstandsfähig machen.
Die breiten Ringe bilden kein so festes Holz.

Die Baumscheibe ist umschlossen mit der Rinde.
Sie schützt den Baum gegen Verletzungen,
Ausbluten und Austrocknen.
Damit der Baum wachsen kann,
muss die Rinde jedes Jahr aufbrechen,
sich weiten und neu werden.
Der Baum erzählt uns
vom Werden und Vergehen.
So auch unser Lied ...

Lied: *Alles vergeht, Neues entsteht*

83

Wenn wir die Baumscheibe in der Mitte betrachten, dann kommen uns vielleicht Bilder, Gefühle, Ereignisse vom vergangenen Jahr, die wir als Familie miteinander erlebt haben. Wo sind wir miteinander gewachsen?

Alle erzählen, was schön war, als Familie miteinander zu erleben, aber auch, was anstrengend war. Dazu können je Beispiel ein entsprechender Stein aus der Schale genommen und um die Mitte gelegt werden.

Neben dem, was wir als Familie gemeinsam erlebt haben, hat jede/r von uns eigene Dinge gelebt und erfahren.

Dazu bekommt jede/r eine kleine Baumscheibe in die Hand. Alle legen «ihre» Scheibe vor sich auf den Boden und stellen mit Hilfe eines Wollfadens eine Verbindung zur Mitte her, was vor allem auch die Eigenständigkeit innerhalb des Familienverbundes betont.

Jede/r bedenkt nun für sich das vergangene Jahr im Blick auf das Schöne und das Schwierige.

Dazu gestalten die einzelnen ihre Baumscheiben entsprechend mit Glassteinen und Steinen.
Danach teilen sich alle einzeln mit, wenn sie es wollen. Nach jedem Beitrag wird das Lied gesungen: Alles vergeht, Neues entsteht ...

Anschließend wird eine Kerze entzündet und auf die Mitte der mittleren Baumscheibe gestellt.

Jesus hat seinen Jüngern am Ende seines Lebens gesagt: *«Seid gewiss: Ich bin bei Euch alle Tage bis zum Ende der Welt!»* Matthäus 28,20
Diese Zusage gilt auch jedem von uns.

84

Jemand nimmt die Kerze aus der Mitte und reicht sie jedem einzelnen für einen Augenblick. Dazu wird jedem das Jesuswort nochmals zugesagt:

«Sei gewiss: Ich bin bei Dir alle Tage!»

Lied: *Von guten Mächten wunderbar geborgen*

T: Dietrich Bonhoeffer, M: Siegfried Fietz © Text: Gütersloher Verlagshaus, Gütersloh, in der Verlagsgruppe Random House GmbH, München
© Musik: ABAKUS Musik Barbara Fietz, 35753 Greifenstein

Kv Von gu-ten Mäch-ten wun-der-bar ge-
bor-gen, er-war-ten wir ge-trost
was kom-men mag. Gott ist mit
uns am A-bend und am Mor-gen
und ganz ge-wiss an
je-dem neu-en Tag.

2. Noch will das alte unsre Herzen quälen,
   noch drückt uns böser Tage schwere Last,
   Ach, Herr, gib unsern aufgescheuchten Seelen
   das Heil, für das Du uns bereitet hast.

3. Und reichst Du uns den schweren Kelch, den bittern
   des Leids, gefüllt bis an den höchsten Rand,
   so nehmen wir ihn dankbar ohne Zittern
   aus deiner guten und geliebten Hand.

86

4. Doch willst du uns noch einmal Freude schenken
   an dieser Welt und ihrer Sonne Glanz,
   Dann wolln wir des Vergangenen gedenken,
   und dann gehört dir unser Leben ganz.

5. Lass warm und still die Kerzen heute flammen,
   die du in unsre Dunkelheit gebracht,
   führ, wenn es sein kann, wieder uns zusammen.
   Wir wissen es, dein Licht scheint in der Nacht.

6. Wenn sich die Stille nun tief um uns breitet,
   so lass uns hören jenen vollen Klang
   der Welt, die unsichtbar sich um uns weitet,
   all deiner Kinder hohen Lobgesang.

Schlussimpuls für Eltern: Jahreswende

Wir sollten uns
tief
voreinander verneigen
zu dieser Stunde,
wie Pilger tun,
wenn sie einander
begegnen
und dabei erkennen,
daß fortan
der Weg des Andern
der eigene sei.
Wir
sollten uns segnen
und dann uns
getrost dem Verborgenen
nähern.

Hans Günter Saul
aus: Ders., Jahreswende
© Hans Günter Saul

8. Vom Besuch der Heiligen Drei Könige

Albert Biesinger

«Hat es die Heiligen Drei Könige wirklich gegeben? Was schreiben die Sternsinger an die Türen der Häuser? Wie konnten die Heiligen Drei Könige wissen, dass Jesus so wichtig ist?»

Das wissen wir dazu

Im zweiten Kapitel des Matthäusevangeliums kann man lesen, dass Sterndeuter (griech. mágoi) vom Osten nach Jerusalem kamen. Sie wollten dem neugeborenen König der Juden huldigen, weil sie seinen Stern am Himmel aufgehen sahen. Von König Herodes wurden sie nach Betlehem geschickt: als dem in der Schrift vorhergesagten Geburtsort des Messias (Buch Micha 5,1–3). Der Stern ging ihnen voraus zum Kind. Sie schenkten ihm Gold, Weihrauch und Myrrhe. Der innerste Kern der Erzählung von den Heiligen Drei Königen will uns sagen, dass alle Völker zu Jesus als dem Messias kommen. Ihre Huldigung an das Kind in der Krippe und die Geschenke, die sie mitbringen, zeigen uns, dass am Ende der Zeit alle Völker zum einen Gott finden werden.

In der Bibel haben die Sterndeuter noch keine Namen. Die bekommen sie später: Caspar, Melchior, Balthasar. Einer der drei hatte eine schwarze Hautfarbe. Der Stern war im Judentum das Zeichen des Königs, ebenso bei den Römern. Im 4. Jahrhundert hatte sich ein eigenes Fest durchgesetzt, an dem die Erscheinungen Gottes in der Welt gefeiert wurden: Geburt Jesu, Huldigung der Magier, Taufe Jesu, Hochzeit zu Kana, Speisung der Fünftausend. Daran kann man ablesen, dass das Fest der Heiligen Drei Könige den tieferen Sinn hat, die Erscheinung Gottes in der Welt zu verkünden, auch für die damaligen Heidenvölker. Die Huldigung der Magier wird zusammen mit dem Lobgesang der Engel und Hirten in Betlehem gesehen. Der Stern im Matthäusevangelium ist Zeichen für Gottes Führung.

Heute gehen Kinder als Dreikönige durch die Straßen. Das Sternsingen ist in den Alpenländern in der Mitte des 16. Jahrhunderts entstanden. Erwerbslose Handwerksburschen, Soldaten, später auch arme Kinder mit Bettelsack auf dem Rücken wurden als Könige mit drehbarem Stern kenntlich gemacht.

In den letzten Jahrzehnten hat sich der Inhalt dieses eindrucksvollen Brauches gewandelt. Hunderttausende von Kindern werden jährlich nach Weihnachten als Sternsinger offiziell von Gemeinden ausgesandt. Sie tragen die Botschaft vom Kind in der Krippe in die Häuser und erbitten Spenden für die Eine Welt: sie singen Lieder, sagen Gedichte und Gebete auf und bitten um eine Solidaritätsspende für Kinder, die in armen Ländern von der Sternsingeraktion des Kindermissionswerks in Aachen unterstützt werden. Am Ende des Spiels schreiben die Sternsinger an die Türen den Segen Gottes: «Christus Mansionem Benedicat» – «Christus segne dieses Haus». C+M+B meint nicht **C**aspar – **M**elchior – **B**althasar, sondern ist die Abkürzung dieses Segens.

Es ist für viele Menschen in ihren Häusern ein eindrucksvolles religiöses Ritual, das Kinder mit ihnen gestalten. Die Kinder segnen selbst die Häuser – auch daran ist abzulesen, wie wichtig die Kinder als Glaubensboten sind.

Ganz frühe Darstellungen der Heiligen Drei Könige zeigen sie in persischer Tracht, die manchmal auch mit Kamelen unterwegs sind. Es gibt auch Darstellungen, in denen ihnen ein Engel den Weg zeigt und nicht ein Stern. Erst später werden sie mit Stirnreif und Kronen als Könige gekennzeichnet. Ab dem 14. Jahrhundert legt der Älteste, meist vor der Krippe kniende König seine Krone ab und betont damit die Anbetung des Kindes als Gottessohn.

Das hat mit uns zu tun

Wir selbst sind in einer ähnlichen Situation wie die Heiligen Drei Könige. Wir suchen den Erlöser der Welt. Wir sind angewiesen auf Zeichen. Für uns sind es nicht die Sterne, wir sind keine Sterndeuter. Wir haben Glaubenszeugen um uns herum, die uns auf dem Weg zur Krippe begleiten. Wir können bereits selbst für andere Menschen Glaubenszeugen sein.

Die Sternsinger nehmen Anteil an diesem «Heiligen Spiel», Menschen in ihren Wohnungen zu besuchen und die Menschen anzuregen, das Kind in der Krippe neu zu entdecken.

Ob die Heiligen Drei Könige mit uns zu tun haben, hängt auch von uns selbst ab. Wir sind herausgefordert, die Botschaft von der Erlösung durch dieses Kind in der Krippe in alle Welt zu tragen. Dies ist eine große Vision für unser Leben.

Das sollen Kinder verstehen

Die Heiligen Drei Könige bringen über die erzählte Geschichte hinaus die für uns tiefe Wahrheit, sich von kleinen Hinweisen im Alltag leiten zu lassen, eine Spur zu Gott zu entdecken. Die Heiligen Drei Könige sind wie «Spurensucher». Eine solche Suche in unserem Leben kann uns reich und glücklich machen, weil wir uns dann immer geborgen fühlen können in der Beziehung mit Jesus Christus.

Das können wir miteinander tun

Eine sehr gute Gelegenheit der ‹Spurensuche› ist es, wenn Eltern ihre Kinder bei den Sternsingern mitmachen lassen.
Eine andere Möglichkeit ist es, die Suche der Heiligen Drei Könige zu unserer eigenen zu machen.

Vorbereitung: ein Stern, Fußspuren aus Papier, Stifte. Alle sitzen im Kreis. Ein Stern liegt in der Mitte.

Wir feiern heute das Fest der Heiligen Drei Könige. In der Bibel hören wir von Sterndeutern, die sich auf den Weg machten, um das göttliche Kind zu suchen. Auch wir sehnen uns nach der Nähe Gottes, nach seinem Schutz und seiner Hilfe.

Die einzelnen dürfen sagen, was sie sich von Gottes Nähe erhoffen und wünschen, z.B.
… dass er mir beisteht, wenn ich Angst habe,
… dass ich Mut bekomme, für das Gute einzutreten,
… dass ich vor Gefahren beschützt bin …

Wer etwas sagt, nimmt den Stern zur Hand und legt ihn wieder anschließend zurück auf den Platz in die Mitte.

Wir hören nun die Geschichte von den Sterndeutern aus der Bibel:

Als Jesus zur Zeit des Königs Herodes in Betlehem in Judäa geboren worden war, kamen Sterndeuter aus dem Osten nach Jerusalem und fragten: Wo ist der neugeborene König der Juden? Wir haben seinen Stern aufgehen sehen und sind gekommen, um ihm zu huldigen.
Als König Herodes das hörte, erschrak er und mit ihm ganz Jerusalem. Er ließ alle Hohenpriester und Schrift- gelehrten des Volkes zusammenkommen und erkun- digte sich bei ihnen, wo der Messias geboren werden solle. Sie antworteten ihm: In Betlehem in Judäa; denn so steht es bei dem Propheten:
Du, Betlehem im Gebiet von Juda, bist keineswegs die unbedeutendste unter den führenden Städten von Ju- da; denn aus dir wird ein Fürst hervorgehen, der Hirt meines Volkes Israel.
Danach rief Herodes die Sterndeuter heimlich zu sich und ließ sich von ihnen genau sagen, wann der Stern erschienen war. Dann schickte er sie nach Betlehem und sagte: Geht und forscht sorgfältig nach, wo das Kind ist; und wenn ihr es gefunden habt, berichtet mir, damit auch ich hingehe und ihm huldige.

Nach diesen Worten des Königs machten sie sich auf den Weg. Und der Stern, den sie hatten aufgehen sehen, zog vor ihnen her bis zu dem Ort, wo das Kind war; dort blieb er stehen. Als sie den Stern sahen, wurden sie von sehr großer Freude erfüllt.
Sie gingen in das Haus und sahen das Kind und Maria, seine Mutter; da fielen sie nieder und huldigten ihm. Dann holten sie ihre Schätze hervor und brachten ihm Gold, Weihrauch und Myrrhe als Gaben dar. Weil ihnen aber im Traum geboten wurde, nicht zu Herodes zurückzukehren, zogen sie auf einem anderen Weg heim in ihr Land. Matthäus 2,1–12

Anschließend werden auf Fußspuren Beispiele notiert, was uns helfen kann, einen Weg bzw. eine Spur zu Gott zu finden. Diese können dann in Richtung Stern gelegt werden. Zum Beispiel:

Jemanden einbeziehen, wenn man spürt, dass andere ihn ausschließen.
Immer die Wahrheit sagen.
Im Spiel gerecht und fair sein.

Jedes Jahr sind viele Kinder als Sternsinger unterwegs. Sie gehen von Haus zu Haus. Sie erzählen von Gottes Liebe und helfen, dass sich diese Liebe unter uns Menschen ausbreitet. Sie sammeln Geld für die Menschen in Not. Auch wir sind eingeladen, mitzusorgen, dass das Leid in der Welt weniger wird.

Schlussimpuls für Eltern:
Ritual der Sternsinger

Sternträger
In dunkler Nacht ist uns erschienen
ein Stern, der uns nicht ruhen ließ.
Wir folgten ihm auf seinen Wegen,
zu sagen, was er uns verhieß.

Kaspar
Gottes Sohn ist uns geboren,
freudig rufen wir es aus.
Frieden wünschen wir den Menschen,
Gottes Segen jedem Haus.

Melchior
Hütten, Zelte, Keller, Straßen,
Kinder nennen dies ihr Heim.
Ihre Welt soll heller werden,
dazu laden wir euch ein.

Balthasar
Eure Gaben, die wir sammeln,
helfen Kindern Zukunft geben.
Und was wir zusammentragen,
bringe Freude in ihr Leben.

Sternträger
Gottes Segen euch geleite,
durch dies neue Jahr euch führ.
Christus mansionem benedicat
schreiben wir an diese Tür.

Klaus Szudra
© Kindermissionswerk «Die Sternsinger»